# 삶으로서의 일

# 삶으로서의 일

1판 1쇄 발행 2021. 6. 7.
1판 5쇄 발행 2022. 4. 26.

지은이 모르텐 알베크
옮긴이 이지연

발행인 고세규
편집 임여진 디자인 조명이 마케팅 백미숙 홍보 이한솔
발행처 김영사
등록 1979년 5월 17일(제406-2003-036호)
주소 경기도 파주시 문발로 197(문발동) 우편번호 10881
전화 마케팅부 031)955-3100, 편집부 031)955-3200 | 팩스 031)955-3111

값은 뒤표지에 있습니다.
ISBN 978-89-349-8934-9 03190

홈페이지 www.gimmyoung.com        블로그 blog.naver.com/gybook
인스타그램 instagram.com/gimmyoung   이메일 bestbook@gimmyoung.com

좋은 독자가 좋은 책을 만듭니다.
김영사는 독자 여러분의 의견에 항상 귀 기울이고 있습니다.

# 삶으로서의 일

### 일과 삶의 갈림길에 선
### 당신을 위한 철학

모르텐 알베크 | 이지연 옮김

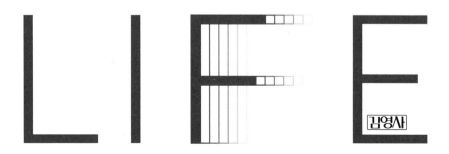

김영사

차
례

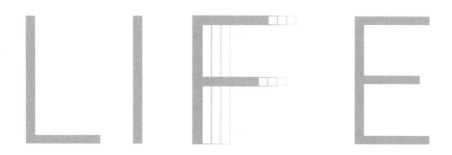

2008년 7월 19일 형제들과 조카와 나는 서둘러 형의 시트로엥 벌링고에 올라타고 전속력으로 달리기 시작했다. 목적지는 코펜하겐 북쪽으로 400킬로미터 거리에 있는 올보르그 병원이었다. 전화를 걸어온 간호사는 아버지가 언제라도 숨을 거둘 수 있다고 했다. 병원에 도착했을 때는 이미 늦은 저녁이었고 우리는 반쯤 뛰다시피 아버지의 병실로 향했다. 숨을 헐떡이며 병실에 들어서니, 어머니가 극히 침착한 모습으로 침상 옆에 서 계셨고 아버지는 침대에 등을 기댄 채 앉아 계셨다. 늘 통통하던 아버지의 볼은 움푹 꺼져 있었고, 회색빛이 감도는 노란 피부는 너무나 팽팽하게 잡아당겨져 금세라도 광대뼈가 밖으로 뚫고 나올 것 같았다.

하지만 우리를 맞아주는 아버지의 목소리는 놀랄 만큼 또렷하고 힘이 있었다. "상태가 정말로 그렇게 나쁘다고 생각한 거냐? 한밤중에 다들 달려와야 할 정도로?"

"네, 그런 줄 알았어요." 내가 대답했다.

"흠, 틀렸다. 이번에도!" 아버지가 대꾸했다.

다들 웃음을 터뜨렸다. 크게 소리 내서 웃었다. 정겨운 순간이었다. 그러나 웃음소리가 잦아든 자리에는 침묵이 찾아들었다. 우리는 서로를 쳐다보았다. 아버지의 얼굴을 보았다. 아버지이자 할아버지이자 남편이었다. "그래도 우리는 다 함께 참 잘 지내지 않았니?" 아버지는 스스로 묻고 답했다. "뭐, 어쨌든 내 생각엔 그렇구나."

나는 목구멍에 뭐가 콱 막힌 것 같았다. 숨을 쉬기가 힘들었다. 눈물이 뺨을 타고 내리기 시작했다.

"네, 아빠. 잘 지냈어요." 우리가 대답했다.

"다 함께 좋은 추억을 참 많이 만들었어." 아버지가 덧붙였다. 아버지는 형을 돌아보며 이렇게 말했다. "내가 널 사랑하는지 의심한 적이 있다는 걸 안다. 하지만 사랑한다. 늘 그랬어."

"알아요, 아빠." 형이 대답했다.

그 순간 나는 심장이 터져버릴 것만 같았다. 그러면서 한편으로 슬픔과 함께 안도감이 물밀듯이 밀려들었다. 슬픔은 이제 곧 어머니는 과부가 될 것이고 형제들과 나는 아버지를 잃는다는 사실 때문이었다. 안도감은 우리가 다 함께 그 자리에 있다는 것, 사랑으로 마지막 작별을 나누고 있다는 사실 때문이었다. 아버지는 나를 돌아보며 말했다. "모르텐, 뭐 좀 웃긴 얘기 없니? 다들 한바탕 웃자꾸나." 잠시 후 우리는 아버지에게 작별의 키스를 했다. 아버지는 지친 두 눈을 감았고 잠에 빠져들었다. 그리고 다시는 깨어나지 못했다. 내 아버지 올레 알베크는 2008년 7월 20일 64세를 일기로 생을 마감했다.

7월 26일 아버지는 유틀란트에서 북쪽으로 한참 떨어진 시골에 있는 공동묘지에 묻혔다. 햇빛이 쨍한 따뜻한 날이었다. 빈 좌석이 하나도 없어서 사람들은 출입구 주변까지 빼곡히 선 채로 몸을 당겨가며 오르간 소리를 듣고 찬송가와 목사님의 기도와 요한복음 낭독을 들었다. 나는 형제들을 대표해 추도 연설을 했다.

"사랑하는 아버지, 아버지는 평범한 아빠는 아니셨어요." 관 앞에 형제들과 나란히 서서 나는 그렇게 추도사를 시작했다. "특별한 아버지였습니다. 아주 특별한 아버지요. 아버지는 우리의 아버지셨고, 저희는 아버지를 정말로 많이 사랑했습니다."

나는 고개를 들어 교회를 가득 채운 사람들을 둘러보았다. 다들 얼굴에 눈물이 번져 있었다. 갑자기 내 시선이 멈췄다. 우리 집 두 꼬마 아이가 어리둥절한 표정을 짓고 있었다. 문득 나는 언젠가 우리 아이들도 내 입장이 될 거라는 사실을 깨달았다. 그들도 아버지인 나에게 작별을 고할 것이다. 나의 목소리가 갈라져 나왔다.

이후 아버지의 죽음과 장례식의 기억은 나를 떠나지 않았다. 비어스테드 교회에서 열렸던 장례식과 이후 며칠, 몇 주, 몇 달, 몇 년간 일어난 일들 덕분에 나는 삶에 대해 아주 중요한 한 가지 통찰을 갖게 됐다. 처음에는 그 통찰의 의미를 온전히 이해하지 못했다. 그걸 다 이해하기에는 당시의 내가 너무 어리고, 미성숙하고, 경험이 부족했을 것이다. 그러나 차츰 나는 만족과 행복과 삶의 의미를 느끼는 것 사이에는 근본적으로 중요한 차이가 있다는 사실을 깨닫게 됐다. 만족이란 그 당시 내가 결코 느낄 수 없었던 감정이었다. 행복이란 당시 내 마음과는 가장 거리가 먼 감정이었다. 그러나 그 슬픔과 상실감, 눈물 가운데 어디선가 틀림없이 '의미 있다'는 느낌이 내 몸과 마음에 차올랐다. 고마움. 존엄함. 희망. 심지어 삶에 대한 진정한 열의와 감사까지도.

10년도 더 된 그해 여름 이후 나는 우리 문화와 양육, 교육이 만족과 행복, 의미의 차이를 더 이상 알아보지 못하게 했다는 생각을 떨쳐낼 수가 없었다. 수년간 이 문제를 깊이 있게 공부하고 나니, 너무나 많은 사람이 길을 잃게 된 주된 이유가 바로 이 세 가지 마음 상태를 구분하지 못해서라는 확신이 더욱 강하게 들었다. 우리는 정신 건강을 유지하면서 실존적으로 질 높은 삶을 살 수 있는 잠재력을 틀림없이 가지고 있다. 그런데도 우리는 그런 삶을 향해 나 자신이 나아가지도, 남들을 이끌 수도 없게 됐다.

이 책은 의미 있는 삶을 사는 것보다 더 중요한 것은 아무것도 없다는 사실을 보여줄 것이다. 잠시 잠깐 만족하는 삶, 잠시 잠깐 행복한 삶으로는 충분치 않다.

아버지의 장례식이 있고 4년이 지난 후 오리건주 포틀랜드에서 뉴욕으로 가는, 늘 이용하던 항공편 안에서 나는 내 생각의 방식을 완전히 바꿔준 글을 읽었다. 평범한 국내선 항공편이었다. 대형 여객기에 늘 따르는 따분한 절차들, 수많은 인위적 미소와 어쩔 수 없이 가까운 옆 사람과의 거리. 하지만 그곳에서 읽었던 짧은 기사만큼은 등골이 오싹할 만큼 명료하게 기억한다. 어느 정도 과학적으로 저술된 그 기사는, 몇 달이 지난 후에 보니, 무미건조한 비행기 속을 내 인생의 결정적 사건이 일어난 무대로 바꿔놓았다. 한 사람의 인간으로서, 그리고 회사 경영자로서 다시없을 순간이었다.

기사 내용은 이랬다. 호주의 어느 호스피스 병원 간호사는 언제 마지막이 될지 모를 사람들과 나눈 대화를 수년간 기록했다. 사회적 계급이나 경제 형편, 민족, 성별과 관계없이, 뚱뚱하든 말랐든, 키가 크든 작든, 결혼했든 혼자이든, 흑인이든 백인이든, 사람들이 인생에 대해 공통으로 갖고 있던 근본적인 후회는 다음과 같았다.[1]

1. 친구들과 연락을 이어가지 않은 것
2. 더 행복할 수 있었는데 스스로 행복하도록 허락하지 않은 것
3. 용기가 없어서 내 감정을 더 많이 표현하지 못한 것
4. 용기가 없어서 남들이 나에게 기대하는 삶이 아닌, 나 자신에게 더 진실한 삶을 살지 못한 것
5. 삶의 너무 많은 부분을 일로 보낸 것

당시 회사에서 꽤나 높은 직책에 있던 나에게 가장 큰 영향을 미쳤던, 날카로운 실존적 숨을 들이켜게 만들었던 항목은 다섯 번째 후회였다.

불편한 감정이 몇 달간 지속됐다. 결국 나는 업계에서 꽤나 오랜 시간 수업료까지 내가며 열심히 흡수했던 그 모든 조언과 경험을 내다 버리기로, 아무 소용없는 것으로 생각하기로 결심했다. 세계적 명성을 지닌 경영 연구소들의 전문적이고, 재능 있고, 열심히 일하고, 상냥한 관리자들, 동료들, 컨설턴트들, 교수들 사이에서 좋은 의도로 전해 내려온 그 모든 조언이 결국에는 아무것도 아니었다. 마지막 순간에 우리가 일하며 보낸 시간, 일을 위해 교육받은 시간을 후회한다면 말이다. 그날 이후 나는 내 밑에서 일하는 사람 중 단 한 사람도 인생에서 이 기간을 되돌아보았을 때 후회하는 일이 없게 만들겠다고 맹세했다.

나는 일이 삶을 의미 있게 만들도록 하는 데 초점을 맞추었다. 결코 쉬운 일은 아니다. 그리고 내가 얼마나 성공했는지도 확신하지 못하겠다. 회사에서 관리자들은 맡은 직책과 리더라는 위치 때문에 수백 명 심지어 수천 명에 이르는 사람들의 삶에 직간접적으로 영향력을 미칠 수 있는 특권과 책임이 있다. 그러나 계급의 사다리를 오르다 보면 판에 박힌 근거 없고 잘못된 내용의 경영 문헌을 억지로 집어삼키게 된다. 끈덕지게 달라붙는 현대 경영학 용어들을 피해갈 도리가 없기 때문에, 직원들도 한 명의 인간이고 그들이 사는 하나로 된 삶 one life 을 최대한 의미 있게 살 수 있는 사람들이라는 사실을 자꾸만 잊어버리게 된다.

그렇다면 어떻게 해야 이 상황을 바꿀 수 있을까? 호스피스 병원에서 자신의 '직장 생활'을 뒤돌아보게 될 미래 세대가, 일이 내가 마땅히 누려야 할 의미를 불어넣고 생활의 질을 높여 전체적으로 내 삶을 풍부하게 만들었다고 생각할 수 있으려면 우리가 과연 어떻게 해야 할까? 이런 질문에 답하려고 노력하는 과정에서 나는 그렇게 할 수 있는 유일한 방법은 우리를 둘러싼 '인위적 언어들'을 문제 삼고 공격하고 해체하는 것뿐이라고, 서서히 그러나 분명하게 확신하게 됐다. 삶의 후회는 최소로 줄이고 의미는 최대로 늘리려면 내가 '세 가지 거대한 언어 조작'이라고 부르는 것들에 맞서야 한다는 사실을 깨달았다.

이 언어 조작들은 일상의 언어를 통해 삶과 시간, 궁극적으로는 개별 인간을 쪼개놓으려고 한다. '사생활'과는 구별되는 '직장 생활'을 이야기한다는 게 과연 정말로 말이 되는 일일까? 우리에게 삶이란 하나 아닌가? 우리에게 삶이 하나뿐이고, 시간도 하나뿐이고, 그 시간은 흘러가면 다시는 돌아오지 않는다면, 과연 그걸 우리가 사용하는 용어들처럼 '일하는 시간' '여가 시간' '가족 시간'으로 쪼개자고 주장하는 게 과연 말이 될까? 이것들은 전부 그냥 시간 아닌가? 그리고 정말로 우리 삶이 하나로 되어 있고 그 삶을 사는 시간은 다시는 돌아오지 않는다면 언어적으로 우리 자신을 나누자고 주장하는 게 과연 말이 될까? '일하는 사람' '노는 사람' '가족과 시간을 보내거나 다른 여가를 보내는 사람'이 가능할까? 무엇보다 우리는 한 명의 사람으로 태어나 한 명의 사람으로 죽는데 말이다. 내 아버지의 장례식은 한 번뿐이었고, 교회에 관도 하나뿐이었다.

호주의 그 간호사 덕분에 나는 일과 삶이 마치 서로 다른 것인 양 암시하는 '워라밸work-life balance' 같은 단어가 궁극적으로 무의미하다는 사실을 깨달았다. 우리는 다들 커다랗고 복잡하게 하나로 된 삶을 산다. 그 삶이 언제 어떤 식으로 끝나든 우리는 누구나 그 삶을 최대한 의미 있게 살기를 원한다.

나는 우리 모두에게 영향을 끼치고 있는 패러독스를 한번 찬찬히 생각해보라고 권하고 싶다. 더 이상 경제적 번영이 실존적 행복과 건강으로 치환되지는 않는다. 실존적 행복과 건강이란 단지 생활 수준이 높은 것보다 훨씬 더 많은 것을 포함하는 개념이다. 실존적 행복과 건강이란 삶의 가장 기본적인 모든 측면에서 삶의 질이 높은 것을 뜻한다. 우리 존재의 핵심이라고 할 수 있는 우리의 실존을 긍정해주는 것들, 그와 관련된 모든 것을 포함하는 개념이다. 지금 우리는 그 어느 때보다 부유하고, 오래 살고, 교육도 많이 받고, 기술을 통해 서로 잘 연결되어 있다. 그런데도 마음속에 똬리를 튼 무의미함을 떨쳐낼 수 없는 사람이 점점 더 늘어나고 있다. 특히 일하는 사람들, 젊은 사람들이 그렇다. 지금처럼 우리가 우울하고, 불안하고, 스트레스를 받고, 외롭고, 약을 많이 먹은 때는 없었다.

이 패러독스를 인식하는 것만으로는 충분하지 않다. 뭔가 조치를 취해야 한다. 현재 덴마크인 여덟 명 중에 한 명은 정신 건강상의 문제를 겪고 있다.[2] 추세로 보면 내 딸이 직업 세계에 진입할 때쯤인 10년 후면 다섯 명 중에 한 명은 정신 건강 문제를 겪을 것이다. 일을 하기 시작할 때쯤 우리 집 아이들은 앞선 그 어느 세대보다 스트레스 관련 혹은 정신 건강 문제로 고생할 가능성이 매우 높다. 그리고 이는 덴마크의 청소년들에게만 해당되는 얘기가 아니다. 베이징에 살든, 런던에 살든 혹은 샌프란시스코에 살든 전망은 비슷하다.

물론 이런 전망에는 으레 알려지지 않은 여러 요소와 불확실한 가정이 수반된다. 그러나 깜짝 놀랄 트렌드라는 사실에는 변함이 없다. 우리가 근본적으로 무언가를 바꾸지 않는 한, 이 추세가 꺾일 기미는 전혀 보이지 않는다. 우리는 우리 자신에게, 그리고 다가올 세대에게 의미 있는 삶을 사는 기술을 가르쳐야 한다. 지금은 잊었거나, 혹은 유행이 지난 것처럼 보이는 이 실존의 기술을 깊이 있게 들여다보고 필요한 수정을 가해야 한다.

나는 세계에서 가장 위대한 지도자도 아니고 최고의 철학자도 아니며 앞으로 그렇게 될 일도 없음을 스스로 잘 알고 있다. 하지만 나는 내가 '살아 있는 철학 실험실'이라고 부르는 곳에서 20년 이상의 시간을 보내는 특권을 누렸다. 한 명의 직원이자 한 마리의 기니피그로서 나는 의미 없는 경영을 몸소 겪었다. 그리고 나중에는 리더이자 실험실 기술자로서 해결책을 찾아내겠다는 희망으로 부단한 실험을 했다. 명예 교수이자 글로벌 기업의 경영자로서 휴머니즘과 자본주의 사이에서 아슬아슬한 줄타기를 했고, 열의에 찬 나머지 틀림없이 양쪽 모두를 침해한 적도 있다. 내가 신의 계시를 들었다거나 현자의 돌을 발견했다는 얘기는 아니다. 다만 나는 다양한 각도에서 자본주의와 휴머니즘을 바라보았다. 한 사람의 인간, 직원, 기업가, 고용주, 철학자로서 양자를 조화시켜보려고 노력했다.

이 책은 나의 경험을 공유하고 내 실험실을 세상에 공개하는 자리다. 하나뿐인 내 삶에서 '광기 속의 의미'를 찾으려는 시도 중에 내가 개발하고 적용해보았던 여러 아이디어와 개념들을 펼쳐놓는 자리다. 나는 모든 인간관계에서 대화의 시작과 끝은 "무엇이 훌륭한 삶을 만드는가?"라는 질문이 되어야 한다고 생각한다. 상대가 막 성인이 된 젊은이이든, 베테랑 선생님이든, 자녀 넷을 둔 부모이든, 수천 명을 책임지는 사장이든, 누구에게나 할 수 있는 질문이다.

나에게 훌륭한 삶이란 의미 있는 삶이다. 이 책은 우리가 어쩌다 그 사실을 망각하게 되었는지를 살펴보는 책이다. 나로서는 이런 현실이 어처구니가 없다. 의미는 지속 가능한 삶과 비즈니스, 사회를 만드는 데 가장 중요한 기초 재료라는 사실이 이미 증명됐기 때문이다.

하나뿐인 삶에서 내 얘기를 듣기 위해 시간을 내주어 고맙다.


모르텐 알베크

# 왜 우리는 행복하지 않을까

평균적으로 보았을 때 지금 태어나는 아기들은 역사상 그 어느 때보다 더 나은 삶의 출발점에 서 있다. 물론 그렇게 생각하지 않는 사람도 있을 것이다. 주야장천 부정적이기만 한 신문 헤드라인이나 늘 종말이 코앞에 온 것처럼 떠들어대는 TV 보도를 생각하면 말이다. 하지만 인류 문명은 실제로 대단한 진보를 이루고 있다. 너무 대단해서 세계경제포럼은 세상이 그 어느 때보다 좋은 곳이 되었다며 미래에 대한 전망도 모든 면에서 긍정적이라고 선언했을 정도다.[3] 미국의 버락 오바마 전 대통령은 최근 어느 강연에서 역사의 한 지점을 골라서 태어날 수 있다면 바로 지금이 아니겠느냐고 했다. 타블로이드 저널리즘을 통해 세상을 이해하려고 시도하는 것은 너무나 어리석은 일이 될 것이다. 위기는 예고 없이 격하게 터지는 반면, 경제적 번영이나 건강, 교육은 모두 시간을 두고 차츰차츰 개선된다.

외적 지표로만 평가하면 혹은 저 하늘에서 내려다본다면 세상은 상상할 수 있는 모든 측면에서 살기 좋아졌다. 비약적인 경제적, 기술적 발전이 세상을 견인했다. 우리는 그 어느 때보다 수명이 길고, 경제적으로 크게 번창하고, 더 좋은 교육을 받고, 더 많은 기회를 가지고, 서로 더 잘 연결되어 있다. 다시 말해 더 나은 삶을 사는 게 지금보다 더 쉬웠던 때는 없다. 문제는 그 어느 때보다 오래 살고, 번창하고, 계몽되고, 서로 잘 연결된 삶을 살게 될 거라는 전망이 실제로 우리가 삶을 더 잘 살게 만들었느냐 하는 점이다. 진보는 우리의 실존적 행복과 건강을 증진시켰는가?

바로 이런 유형의 질문에 답하기 위해서 UN의 반기문 사무총장은 2012년 'UN 지속 가능한 개발 솔루션 네트워크UN Sustainable Development Solutions Network'를 발족했다. 이 기구의 핵심 목표 중 하나가 전 세계 행복 지도를 그리는 것이었다. 그때부터 UN은 매년 150개국 이상을 포함하는 〈세계 행복 보고서World Happiness Report〉를 발간하고 있다. 보고서는 갤럽이 수집한 데이터를 기초로 순위를 매긴다. 2005년부터 갤럽은 각국이 경제, 사회 안전, 건강, 자유, 관용, 부패라는 항목에서 얼마나 잘하고 있는지 조사해왔다. 해당 보고서에 따르면 개인의 행복감에 전체적으로 가장 큰 영향을 주는 것이 바로 이들 요소라고 한다. 해마다 최고 순위는 핀란드와 노르

웨이, 덴마크가 번갈아 차지한다. 이들 3개국은 최하위인 남수단보다 거의 세 배 더 행복하다.

행복도 기타 여러 발전 지표에서 최고 순위를 차지하는 우리 덴마크를 비롯한 여러 부유한 국가들은 최근 수십 년간 경제적으로 훨씬 더 번창했음에도, 통계적으로 볼 때 행복도는 그다지 증가하지 않았고 심지어 행복도가 줄어든 경우도 있다. 살림살이가 더 나아졌는데도 덜 행복한 현상은 안타깝게도 전 세계 곳곳에서 나타나는 징후다. 물질적 부가 자동으로 행복이나 건강으로 치환되지 않기 때문만은 아니다. 지금 우리는 역사상 그 어느 때보다 더 우울하고, 불안하고, 많은 약을 먹고 있으며 외롭다.

2019년 〈전 세계 행복과 건강Global Happiness and Wellbeing〉 보고서에 따르면 전 세계적으로 정신 질환이 건강 수명에 미치는 영향은 7퍼센트에서 13퍼센트에 이른다.[4] WHO의 추산에 따르면 우울증을 앓고 있는 사람은 3억 명이 넘는다. 질병을 가지고 살아가는 햇수를 기준으로 따지면 우울증은 전 세계적으로 가장 큰 건강상의 위기에 해당한다. 우울증은 계속 증가하는 추세이고 이런 트렌드는 지속될 모양새다.[5] WHO는 2030년이 되면 우울증이 전 세계 질병 부담에서 가장 큰 비중을 차지할 것으로 예상한다.[6] 불안장애를 앓는 사람의 수도 증가 중이다.[7] 미국에서는 외롭다고 느끼는 사람이 인구의 28퍼센트에 이르는 것으로 추산되며, 영국에서는 외로움을 아주 심각한 문제로 보고 '외로움 끝내기 캠페인Campaign to End Loneliness'까지

시작했다.[8]

물론 평균이나 일반화에 너무 크게 의존하지 않도록 늘 조심해야 한다. 하지만 정신 질환이 지금처럼 널리, 심각하게 퍼진 적은 단 한 번도 없다는 것은 피할 수 없는 현실이다.

다시 말해 우리는 엄청난 괴리감을 맛보고 있다. 대다수 사람은 훌륭한 삶을 사는 데 필요한 모든 것을 갖추고 있으나, 다수의 사람이 솔직히 끔찍한 기분으로 살아간다. 다시 말해 우리는 이 세상 모든 부와 복지를 삶의 질과 행복 및 건강으로 바꾸는 데 필요한 실존적 균형을 상실했다.


## 행복이라는 수수께끼

질문을 잘해야 좋은 답이 나온다고들 한다. UN 행복 지표가 실제로 무엇을 측정하느냐에 관한 논의로 한세월을 보낼 수도 있다. 우리는 정말로 UN 연구가 보여주는 것만큼 행복할까? UN이 사용하는 행복이라는 개념에 철학적 의미가 조금이라도 담겨 있을까? 행복이라는 게 개인의 삶에서 스쳐 지나가는 찰나에 불과하다면 '행복한 사람'에 관해 말하는 게 과연 의미가 있을까?

사회학에는 '토머스 정리Thomas theorem'라는 게 있다. "사람들이 상황을 진짜라고 정의하면 진짜 결과가 생긴다." 다시 말해 어느 상황의 결과는 상황 자체가 아니라 그 상황에 대한 우리의 인식에 따라 결정된다. 우리 집 아이들은 어릴 때 침대 밑에 혹시 괴물이 있지 않을까 무서워했다. 실제 괴물의 존재 여부는 별로 중요하지 않았다. 아이들에게는 그 상황이 진짜였고, 그에 따른 결과도 마찬가지였다. 앞으로도 아이들은 계속 침대 밑에 있다고 생각하는 그것을 무서워할 테고, 부모들에게 계속 불을 끄지 말라고 애원할 것이다. 행복에 관한 얘기로 다시 돌아와서, 중요한 것은 외부 요인이 아니다. 중요한 것은 행복이 우리가 행복하다고 느낄 때만 진짜라는 점이다. 북유럽 국가에 사는 우리가 세계에서 가장 행복한 국가에 살고 있다고 계속해서 되뇐다면, 결국 우리는 그대로 믿게 될 것이다. 임금님이 옷을 입고 있든 아니든 말이다.

덴마크가 좋은 예다. 첫째, 생활 수준으로 보나 사람들이 느끼는 행복감으로 보나 덴마크인들은 전 세계 사회, 경제적 순위의 최상위에 위치한다. 지금처럼 태어나기 좋은 때가 없었던 것과 마찬가지로, 덴마크처럼 태어나기 좋은 곳도 거의 없다. 둘째, '휘게hygge' ('아늑함'을 뜻하는 덴마크어로 소박한 일상의 행복을 추구하는 생활 양식을 의미한다—옮긴이) 같은 단어가 파생된 것을 보면 알 수 있듯이 우리가 느끼는 행복을 자랑하는 것은 덴마크인을 상징하는 특징이 됐다. 그래서 덴마크가 그 어느 곳보다 좋은 사회이고 덴마크에서의 삶이 '믿기지 않을 만큼' 훌륭하다는 것을 아무도 의심하지 않는다.

우리는 스스로에게 (그리고 누구든 들어주기만 한다면 타인에게도) 이런 행복은 전적으로 우리가 만든 것이라고 말하곤 한다. 궁극적으로 덴마크에서 가장 중요한 원자재는 지식이다. 우리가 가진 민주적 가치나 서로 협력할 수 있는 능력도 전적으로 우리 자신 덕분이다. 그렇기 때문에 우리는 경쟁이 치열한 글로벌 경제에서 덴마크가 가진 우위는 우리 스스로 만들어내고 유지해간다고 생각한다. 우리는 우리가 전 세계에서 가장 행복한 나라라고 마케팅을 펼치는데 일체의 주저함이 없다. 그렇지 못할 이유가 무엇인가? 무엇보다 실의에 빠진 비참한 국민이 사는 나라에 관광객이나 노동자를 끌어들이기는 어렵지 않을까?

그런데 임금님은 과연 옷을 갖춰 입고 있을까?

전 세계에서 가장 행복한 국가 중 하나라는 덴마크의 순위와 우리가 느끼는 스트레스, 우울함, 불안을 서로 비교해보면, 덴마크 역시 경제적 부가 행복이나 건강으로 치환되지는 않는다는 사실을 극명하게 보여주는 사례임을 알 수 있다. 실제로 덴마크식 동화는 비극이 돼버렸다. 인구의 6퍼센트 이상이 심각한 외로움을 겪고 있고, 대략 다섯 명 중 한 명은 일상생활에서 스트레스를 경험하며, 2000년도 이후 젊은 사람 중에서 우울증을 안고 사는 사람은 세 배가 되었다.[9] 상상할 수 없을 만큼 긍정적인 사회, 경제적 상황과 지극히 행복하다는 우리 자신의 크나큰 믿음에도 우리의 정신은 고통받고 있다.

# 일하는 인간

독일의 사회학자이자 경제학자 막스 베버에 따르면 자본주의의 부상과 프로테스탄티즘Protestantism(개신교 운동)은 불가분의 관계가 있다고 한다. 프로테스탄티즘은 일을 '소명'으로 격상시켰고, 절제와 적극적인 삶을 신앙인이 영원한 구원을 받을 수 있는 수단이라고 했다. 행복한 사후 세계를 위해 근면 성실하자는 바로 이 개념이 자본주의의 초석을 놓았다. 신앙과 경제의 관계는 다른 곳에서 자세히 논의했으니 이 책에서는 일이 서구 세계에서 특별한 역할과 가치를 가진다고 이야기하는 것으로 충분할 것이다.

"근면 성실은 그 자체가 보상이다"라는 말이 오래된 표현일지는 몰라도, 그 기본적인 생각은 여전히 살아서 영향을 끼치고 있다. 실직한 사람들은 흔히 이런 말을 한다. "갑자기 아침에 일어날 이유가 없어졌어." 우리 사회에서 일은 정말로 반박할 수 없는 가치, 우리의 정체성과도 뗄 수 없을 만큼 강력한 가치를 가지고 있다. 누군가를 처음 만나면 흔히 이렇게 물어본다. "누구십니까?" 그러면 우리는 주저 없이 "내 직업은 무엇이다" 혹은 하다못해 "생계를 위해 당분간 이런 일을 하고 있다"라고라도 답한다.

그렇다면 일이 우리의 스트레스와 우울함, 불안의 큰 원인이 되는 것도 별로 놀랄 일은 아닌 셈이다. 일은 구원이라기보다는 지옥행 열차와 더 닮았다고 결론 내리고 싶을 정도다.

갤럽의 〈전 세계 직장 현황State of the Global Workplace〉 보고서에 따르면 전 세계 노동력의 85퍼센트는 업무에 몰입하지 못하고 있다.[10] 그렇게 상실되는 생산성이 매년 7조 달러에 이르는 것으로 추산된다.[11] 정신건강재단Mental Health Foundation에 따르면 살면서 스트레스에 압도당하거나 스트레스를 감당하지 못하겠다고 느껴본 적이 있는 사람이 74퍼센트에 이른다.[12] 우리는 늘 동료들에게 둘러싸여 있고 깨어 있는 시간 대부분을 그들과 함께 보내지만, 그렇다고 해서 항상 직장에서 튼튼한 사회적 유대관계를 형성하고 있지는 않다. 대규모로 진행된 한 연구에 따르면 직장에서 항상, 또는 매우 자주 외로움을 느끼는 사람이 절반을 약간 넘는다.[13]

다시 말해 우리가 살면서 기분이 좋지 못한 이유는 대부분 직장에서 기분이 좋지 못하기 때문이다. 생활 환경이 개선되고 경제적으로 번창하고 행복하다는 인식을 갖게 된 후 나타난 주된 효과는 우리가 다 함께 주문을 외게 되었다는 것이다. "우리가 지금보다 더 자유로웠던 적은 없다, 더 잘산 적은 없다, 더 잘 교육받은 적은 없다, 더 오래 산 적은 없다"라고 말이다. 우리는 이것을 행복과 건강 증진의 증거로 받아들인다.

최근에 정신 건강 문제가 널리 확산된 것도 아마 이와 관련이 있을 것이다. 우리가 아무리 큰 소리로 주문을 왼다고 해도, 눈에 보이는 진보의 표지들을 아무리 되풀이해서 말한다고 해도, 현실을 벗어날 수는 없다. 우리의 몸과 마음은 예리해서 우리의 허황된 공상에는 눈길조차 주지 않는다.

덴마크의 철학자 빌리 쇠렌센Villy Sørensen은 1971년에 이미 다음과 같이 지적했다. "경제적 번영이 불만족을 증가시킨다고 하면 얼토당토않은 얘기처럼 들릴 것이다. 불만족을 일으킬 원인이 줄어야 할 것이기 때문이다. 그러나 잘 생각해보면 직접적 욕구에 의하지 않은 모든 (사회적) 활동에는 반드시 목적이 있다. 그래서 사회적 관계에서는 개인적 감정이 배제되는 경향이 생기는데, 그렇게 되면 그 안에서 의미를 찾고 싶은 개인의 욕구는 오히려 훨씬 더 강력해진다."[14]

거의 50년 전에 이미 쇠렌센은 경제적 번영과 의미를 느끼는 것이 반드시 일대일로 대응하지는 않는다고 강조했다. 다시 말해 부를 창출하는 능력을 높인다고 해서 자동으로 삶에서 의미를 찾는 능력까지 높아지리라 기대할 수는 없다.

전 세계 부유한 지역에 스트레스와 불안, 우울증이 만연하다는 사실은 우리가 경험하는 진보를 순전한 가짜 아니면 엉터리처럼 보이게 만든다. '일'이 사회 문제의 얼마나 큰 부분을 차지하는지 생각하면 당연히 이런 의문이 떠오른다. "평균적으로 사람들의 깨어 있는 시간의 절반 이상을 차지하는 활동이 이처럼 많은 사람을 병들게 하고 있는데 대체 왜 이 문제는 더 심각하게 다뤄지지 않는 걸까?" 이 얼마나 우스꽝스러운 일인가? 인간의 수명은 그 어느 때보다 길어졌는데 그에 대한 우리의 반응은 반쯤 죽도록 일만 하다가 죽음이 목전에 다가오면 그렇게 산 것을 후회하는 것이라니. 이게 꼭 육체적인 이야기일 필요는 없다. 일의 형태나 내용이 우리에게 직접, 혹은 건강에 미치는 영향을 통해 간접적으로 심각한 인간적 문제들을 유발하는데도 우리는 그 상황을 그대로 내버려두고 있다. 이는 훌륭한 삶을 살 수 있는 우리의 능력을 크게 훼손한다.

일은 수많은 다양한 문제를 유발한다. 자기 계발 전문가나 라이프 코치들은 그들 나름의 답을 제안하고, 정치인이나 이익 단체는 또 다른 답을 제시하며, 의사, 심리학자, 사회학자 들이 내놓는 답은 또 다르다.

이 책에서 내가 주장하는 내용은 저들의 의견과 상당히 다르다. 나는 내가 궁극적으로 실존적인 문제라고 생각하는 것에 대해 쓸모 있고 실용적인 철학적 답을 내놓고 싶다. 왜냐하면 이 문제는 나 자신과 나의 관계, 우리가 부여받은 하나뿐인 삶 전체와 나와의 관계에 관한 것이기 때문이다. 먼저 나는 이 논쟁에 끼어드는 대부분의 사람이 공통으로 가진 것처럼 보이는 하나의 관점에 문제가 있다고 생각한다. 사람들은 일이 우리를 병들게 하는 이유가 '직장 생활'과 '직장 외 생활'의 경계가 흐려지는 데 있다고 생각하는 듯하다. 해결책은 이 두 가지를 분리하는 것이고 말이다.

나는 그런 진단과 해법이 전제에서부터 완전히 틀렸다고 생각한다. '그런 식으로 삶을 깔끔하게 구획 짓는 것이 가능하다'는 전제 말이다. 우리가 직장에서 보내는 시간과 그 외 활동에 쓰는 시간 사이의 구분을 완전히 없앤다는 게 논란의 여지가 있다는 점은 나도 잘 알고 있다. 그렇게 하면 인간의 삶과 잠재력이 더 크게 망가질 거라고 생각하는 사람도 있을 것이다. 그러나 우리가 수십 년 동안 수백만 건의 인사 고과와 업무 평가를 실시하고 워라밸을 그토록 부르짖어 거의 종교의 수준으로 격상시켜놓았음에도, 사람들은 오히려 일 때문에 점점 더 많은 병에 걸리고 있다고 결론 내릴 수밖에 없다. 나는 효과도 없는데 똑같은 일을 더 많이 하는 것이 해결책이 될 수 있다고 생각하지 않는다. 한 사람의 부모, 친구, 연인, 직원, 관리자, 주주, 정치가 그리고 시민으로서 우리가 맞닥뜨려야 할 문제는 거대한 실존적 도전이다.

이런 배경을 바탕으로 나는 한 사람의 개인인 우리가 어떻게 하면 각자 세상이 제공하는 기회를 모두 끌어안을 수 있을지 제안하려 한다. 그 세상에는 직장도 포함된다. 우리가 '의미'를 화폐로 사용한다면 그런 기회들을 실존적 보상으로 바꿀 수 있다.


## 만족, 행복, 의미의 차이

'만족'이나 '행복'이 아니라 왜 '의미'를 화폐로 사용할까? 가장 간단한 답은 앞의 두 가지는 사용할 수 없기 때문이다. 만약 만족과 행복이 문명의 궁극적 목표로서 효과가 있었다면 지금 벌어지고 있는 실존적 대학살은 일어나지 않았을 것이다. 순전히 물질적으로만 보면 만족하고 행복할 만한 이유가 차고 넘침에도 많은 사람이 실존적 영양실조로 고통받고 있는 게 엄연한 현실이다. 먼저 이 세 가지 개념이 정확히 무엇을 의미하는지부터 낱낱이 해부한 후에 우리가 왜 '의미'를 화폐로 선택해야 하는지 차근차근 알아보기로 하자.

만족이란 욕구의 충족이다. 내 욕구가 충족되면 나는 만족한다. 기대하는 것이 있는데 그 기대가 실현되면 만족감이 든다. 예를 들어 내가 사과를 원하는데 사과를 손에 넣었다면 나는 만족한다. 혹은 내 아들이 아이스크림을 원하는데 아이스크림을 손에 넣었다면 아들은 만족한다. 적어도 아이스크림 하나를 다 먹어치우고 곧장 또 하나를 원하기 전까지는 그렇다. 이런 현상 때문에 경영진은 신선한 과일이나 세탁 서비스, 직무 교육, 심지어 더 높은 임금을 제공해서 직원들을 만족시키려고 한다. 부가적인 여러 혜택이 출근을 좀 더 견디기 쉽게 만들어줄 수는 있겠지만, 그로 인해 삶에 기쁨이 주입된다고 주장하기에는 다소 무리가 있을 것이다. 만족은 그런대로 괜찮은 출발점이 될 수는 있지만, 주로 만족에만 기초해서 삶을 살려는 것은 충분하지 않다.

행복은 순간적으로 모든 것이 아름답게 맞아 들어가는 경험이다. 완전히 행복하고 건강하며, 나 자신 및 주변과 완벽한 조화를 이룬 느낌이다. 반짝이와 색종이가 사방에서 날아다니는 실존적 절정의 한 형태로 삶이 나에게 걷잡을 수 없는 열정의 순간을 제공한다는 사실에 더없는 기쁨을 느낀다. 일시적으로 우리는 중력의 법칙조차 거스를 수 있을 것 같은 기분이 든다. 하지만 이것은 오직 순간에 불과하다. 새로운 사랑에 격렬히 빠져들었든, 마지막 순간 우리 팀의 득점으로 승리했든, 너무나 보고 싶었던 사람이 눈앞에 나타났든 마찬가지다. 그 순간에는 이상과 실제, 현실과 꿈 사이의 내적 긴장이 순간적으로 흐릿해진다.

그러나 이 지극한 기쁨은 금방 사라질 절정이다. 행복이라는 경험은 일상이나 단조로움과는 정반대의 것이다. 행복이란 본래가 비일상적이기 때문에 늘 행복하다는 것은 불가능하다. 말뜻을 가만히 생각해보면 만약 그 비일상적인 것이 매일의 삶일 경우 그게 바로 일상이 된다. 어떤 사람들은 남들보다 더 자주 행복을 느끼기도 하지만, 늘 행복한 사람은 아무도 없다. 행복이라든가 금방 지나쳐버릴 기쁨을 찾아 사는 삶은 최악의 경우 정반대의 결과를 낳을 수 있다는 것이 행복이 품은 잔인한 패러독스다. 얼마 못 갈 행복을 추구하는 것이 정말로 삶의 가장 높은 목표라면 우리는 그 목표를 달성하는 데 방해가 되는 것은 무엇이든 무시할 준비가 되어 있을 것이다. 연인이나 배우자, 친구, 직장을 끊임없이 저버리고 모퉁이만 돌면 기다리고 있을 더 큰 기쁨을 찾아갈 것이다. 그리고 거의 틀림없이 외롭고 불행한 결말을 맞을 것이다. 삶에 온통 행복만이 가득하기를 바라는 것은 비현실적이며, 그것을 끊임없이 추구하는 것은 지속할 수 없는 전략이다.

'의미 있다meaningfulness'는 것은 욕구를 실현하거나 잠깐 기쁨이 샘솟는 것과는 다르다. 의미란 내 삶이 존엄하고 희망이 있다는 느낌이다. 삶을 통해 축적된 지식을 갖추고 자기 가치를 깨닫고 자기 존중을 가지며 뒤를 바라보고, 옆을 쳐다보고, 앞을 내다볼 수 있는 느낌이다. 소속감을 느낄 때, 더 고차원적인 목적이 있을 때, 삶에서 나에게 딱 맞은 자리에 이미 와 있거나 아니면 적어도 그 자리를 향해 가고 있다고 생각할 때 느껴지는 것이 바로 의미다.

그러나 의미는 아무 근거 없이 나타나지 않는다. 의미는 만들어진다. 또 끊임없이 시험당하기 때문에 의미를 유지하려면 열심히 노력해야 한다. 사랑에 빠진 첫 희열 다음에는 관계를 지속하기 위한 힘든 노력이 따라온다. 마지막 순간의 그 득점이 있기 전에 우리 팀은 여러 차례 기회를 놓쳤다. 사랑하는 이와의 재결합은 수일, 수주, 수개월의 기다림 다음에야 찾아온다. 의미란 정신이 아득한 도취의 순간에 만들어지는 것이 아니다. 의미란 내 개인의 대차대조표에서 나에게 딱 맞는 경험들이 합쳐진 총계다.

삶에서 반드시 밝고 긍정적인 면들만 의미를 갖는 것은 아니다. 예를 들어 큰 슬픔은 만족과 공존할 수 없다. 크게 슬프다는 것은 불만족스러운 감정이다. 행복하면서 동시에 크게 슬플 수는 없다. 그러나 크게 슬프면서 동시에 어떤 의미를 느끼는 것은 가능하다. 사랑하는 사람을 땅에 묻는 것이 만족스럽다고 말할 사람은 거의 없을 것이다. 장례식이 행복을 가져다준다고 말할 사람은 더더욱 적을 것이다. 그러나 그 순간을 매우 의미 있다고 느끼는 사람은 많다. 우리는 내가 어떻게 이 사람과 가까워졌는지 새삼 기억을 떠올리고 나 자신의 미래에 대해서도 어떤 시각을 갖게 된다.

우리가 늘 기쁨과 행복에 넘칠 수는 없다. 기쁨 자체 혹은 기쁨을 느끼는 그 순간은 의미보다는 만족이나 행복에 더 가깝다는 게 내 생각이다. 그런 점에서 기쁨은 행복이나 만족과 비슷한 점이 많다. 늘 기뻐서 폴짝폴짝 뛰어다닐 수는 없다. 때로는 슬퍼할 일들도 있을 것이기 때문이다. 늘 만족할 수는 없다. 때로는 불만스러운 일들도 생길 것이기 때문이다. 하지만 그럼에도 불구하고 삶에서 의미를 찾는 것은 가능하다. 만족스럽든, 불만족스럽든, 행복하든, 슬프든 간에 말이다.

우리는 비참함이나 평범함, 불만, 불행은 혼자만 간직하라고 배웠다. 우리는 다 함께 일종의 집단적 자기기만에 빠져 있다. 우리는 나 자신에게도, 타인에게도, 내가 늘 더 높은 꼭대기를 정복하는 중이라고 말한다. 실제로 그런 경우는 거의 없는데도 말이다. 우리는 지나칠 때 서로에게 "잘 지내세요?"라고 물어본다. 그러면 "잘 지내요"라고 답한다. 우리는 솔직한 답을 내놓기는커녕 그런 답을 고민조차 해보지 않는다. 사회생활에 어떤 결과를 가져올지 두렵기 때문이다. 어느 날 마침내 우리가 용기를 내어 솔직하게 답하고 내가 얼마나 비참한지 죄다 털어놓는다면, 사람들은 대부분 나의 솔직함을 축복이 아니라 골칫거리라 여길 것이다. 대체 누가 그런 걸 들어줄 시간이 있단 말인가?

전통 철학에도 이런 주제가 있다. 아리스토텔레스는 행복이 황홀한 순간으로서 욕정이나 쾌락에서 유래한다는 생각과는 대조적인 시각을 제시했다. 아리스토텔레스에게도 행복은 궁극의 목표였지만, 행복한 삶이냐 아니냐를 삶의 내용이 결정하지는 않았다. 오히려 행복을 주로 결정하는 것은 개인이 삶의 내용과 관계를 맺는 방식이었다.

이 관점에 따르면 우리는 모두 '0'이라는 평등한 지점에서 출발한다. 중요한 것은 부나 교육, 지위가 아니라 윤리와 미덕이다. 아리스토텔레스에게 행복이란 행운이나 불운과는 별개의 것이었다. 그에게 행복은 인생의 길흉화복을 겪는 내내 고수해야 할 윤리적 덕목이자 원칙이었다. 그는 긍정적이고 밝은 것이 전혀 없는 삶도 여전히 행복할 수 있다고 주장했다. 반대로 행운과 빛으로 가득한 삶도 불행할 수 있다고 했다.

아리스토텔레스의 행복 내지는 최고선 개념(그가 '유다이모니아 eudaimonia'라고 한 것)은 현대적 개념의 행복보다는 '의미 있음'에 훨씬 더 가까웠다. 사실 "UN의 행복 지표가 정말로 행복을 수치화하느냐"는 충분히 물어볼 수 있는 질문이다. 해당 지표의 기초가 되는 것이 주로 GDP나 사회 안전, 건강, 자유, 관용, 부패 같은 사회, 경제적 지표임을 고려하면, UN의 행복 지표는 그냥 만족도를 측정한 것이 아닐까? 아리스토텔레스에게 물어보았다면 틀림없이 그는 아마도 '관용'을 제외하고는 이 지표들이 행복과 무관하다고 말했을 것이다. 그리고 누가 나에게 물어본다면 이 지표들은 의미와 무관하다고 말할 것이다. 오히려 이 지표들은 우리가 살고 있는 주위 환경을 묘사한다. 이것들은 내가 내 삶의 기복에 어떻게 반응하는지에 관해 조금도 알려주지 않는다. 내가 지금 상승세이든, 하락세이든, 혹은 좀 더 흔한 경우로 옆걸음질을 치고 있든 간에 말이다.

다시 말해 우리는 행복의 정의를 너무나 엉망으로 만든 나머지 이제는 의미 있는 존재가 되는 것보다 복권 당첨이 행복과 더 관련 있는 일인 것처럼 되어버렸다. 바로 그렇기 때문에 21세기에 우리가 앞으로 나아가기 위해서는 만족과 행복, 의미를 분명하게 구분해야만 한다.

1장

# 직장 밖의 나만이
# 진짜 나인가

서기 400년경 아우구스티누스는 《고백록》에 이렇게 썼다. "그렇다면 시간은 무엇인가? 아무도 묻지 않는다면 나는 시간이 무엇인지 알고 있다. 물어보는 사람에게 설명하려고 하면 나는 시간이 무엇인지 모른다."[15] 그 시절 이후 우리가 뭔가 좀 더 알게 됐을 거라고 생각하는 사람도 있을지 모르지만, 아마도 그렇지 않을 것이다.


## 삶을 쪼갤 수 있다는 거짓말

윤리와 이윤은 언어의 정의로만 따져서는 서로 배타적인 관계는 아니지만, 이윤 추구가 종종 엄청나게 비윤리적인 결과를 낳은 것도 사실이다. 2000년대 끝자락에 우리는 1920년대와 1930년대 대공황 이후 최악의 금융 위기를 목격했다. 대표적인 거대 은행들이 마치 도미노처럼 잇따라 쓰러졌고, 그들이 있던 자리에는 엄청난 경제 공백이 생겼다. 먼지가 가라앉고 누군가는 뒤치다꺼리를 해야 할 때가 되자, 초반의 충격은 금세 도덕적 앙갚음으로 변했다. 몇 명 되지도 않는 이 부유한 은행 엘리트들은 대체 어떻게 금융 시장을 대상으로 그처럼 무책임한 도박을 해놓고도 (도박에 진 것은 말할 것도 없다) 무사히 넘어갈 수 있었을까? 가느다란 줄무늬가 들어간 양복을 입은 자칭 슈퍼맨이라는 작자들이 그처럼 거리낌 없이 탐욕을 부리도록 만든 것은 무엇일까? 어쨌거나 허풍과 허세를 벗겨내고 나면 저들도 나머지 우리와 마찬가지로 언젠가는 죽을 인간에 불과한데 말이다.

이 문제를 연구하던 두 교수 마츠 알베손Mats Alvesson과 맥신 로버트슨Maxine Robertson은 흥미로운 사실을 발견했다.[16] 두 사람은 영국의 안정된 투자 은행가 몇몇을 조사하다가 돈이 사람의 정체성에 미치는 영향을 좀 더 이해하게 됐다. 조사한 경우마다 이 은행가들은 본인의 정체성이나 도덕적 기준과 배치되는 선택이나 환경에 놓이면 하나같이 물질적 자원(돈)을 이용해 자신의 결정을 합리화하고 정당화했다. 이들은 본인의 행동이 윤리적으로 의심스럽거나 명백히 부도덕하다는 것을 알고 있을 때도, 도덕과 정체성을 무시했을 때 얻게 될 크나큰 물질적 보상 때문에 그 행동을 계속 이어나갔다. 알베손과 로버트슨은 이런 일련의 증상을 '테플론 정체성 조작Teflonic Identity Manoeuvring'이라고 불렀다. 테플론은 다들 알고 있겠지만, 프라이팬에 음식이 들러붙지 않게 할 때 사용하는 물질이다. 그리고 조작의 개념도 다들 알 것이다. 운전을 배울 때 장애물이 있거나 환경이 열악할 때에도 차를 안전하게 조종하는 방법이다. 노련한 이 투자 은행가들은 사실상 그들의 정체성에 테플론을 한 꺼풀 코팅해서 일터에서 내리는 그들의 의사 결정이 자신에게 들러붙지 못하게 해두었다. 그 덕분에 자신의 업무가 던지는 도덕적 딜레마에도 이들의 정체성에는 전혀 흠집이 나지 않을 수 있었다.

사실상 이들은 자신의 정체성을 둘로 쪼갰다. 일할 때의 페르소나와 사생활에서의 페르소나로 말이다. 이런 거리두기 덕분에 이들은 일에 깊은 개인적 의미를 두지 않았다. 실은 이들에게 일은 아무 의미가 없었다. 이들은 자신의 일이 의미 없을 수는 있지만, 자신이 충분히 높은 보수를 받고 있으므로 그 점을 보상하고도 남는다고 믿었다. 그런데 이게 과연 꼭 투자 은행가들에게만 해당되는 얘기일까? 나머지 우리는 어떨까? 우리도 테플론 코팅이 되어 있을까, 아니면 우리는 삶의 모든 측면에서 나의 정체성과 도덕적 기준을 어떻게든 유지하고 있을까?

우리는 스스로에게, 그리고 서로에게 삶은 단순히 내 급여 명세서에 총합으로 표시된 시간보다 무한히 더 크고 아름답다고 말하곤 한다. 우리는 흔히 내가 내 일보다 훨씬 더 큰 존재라고, 나를 단순히 명찰이나 이메일 서명에 적힌 내 직책명으로 축소할 수는 없다고 생각한다. 그러나 당신이 누구냐고 물어보면 대다수 사람은 직관적으로 망설임 없이 자신의 직업과 직책명으로 답을 한다. 위의 첫 번째 문장이 사실이라면, 그러니까 내 삶이나 정체성은 단순히 내가 생계를 위해서 하고 있는 일로 담아내기에는 너무 크고 아름답다는 게 사실이라면, 우리는 직관적으로 망설임 없이 나는 아버지 혹은 어머니, 남편 혹은 아내, 친구 혹은 애인, 형제 또는 자매라고 답해야 할 것이다. 그러나 우리는 그렇게 하지 않는다. 우리는 직업이라는 딱지가 더 높은 가치를 가진다는 사실을 일찍부터 배우고, 아무도 거기에 이의를 제기하지 않는다.

운이 좋아 직업을 갖게 된 사람들은 하루 24시간 중에 대략 8시간을 잠으로 보내고, 8시간을 일하고 보내며, 그 외 모든 일에 8시간을 쓴다. 다시 말해 깨어 있는 시간의 절반 정도는 노동 시장에 내놓고, 나머지 절반을 삶의 다른 모든 역할과 호칭에 사용한다.

그러나 우리는 누구나 한 사람이다. 아침에 일어나 거울을 볼 때마다 나는 매번 같은 결론에 도달한다. 나에게 아무리 많은 호칭이 붙어 있어도 거울에 보이는 모르텐 알베크는 한 명이다. 우리는 하나의 시간 속에 하나의 삶을 살고, 그 시간은 믿기지 않을 만큼 빠르게 흘러간다. 아무리 많은 활동을 해도 마찬가지다. 시간이라는 주제가 어려운 이유 중 하나는 우리에게 너무 가까이 있어서 우리가 시간을 제대로 느끼지 못하기 때문이다. 그 결과 우리는 종종 시간이 한 번 사라지면 다시는 돌아오지 않는다는 사실을 전혀 고려하지 않은 채 무의식적으로 시간을 써버리곤 한다. 시간 운영을 제대로 못한다는 것은 삶을 잘 운영하지 못한다는 뜻이다. 삶이란 궁극적으로 우리의 첫 심장 박동과 마지막 심장 박동 사이 시간의 총합에 불과하기 때문이다.

독일의 철학자 마르틴 하이데거는 우리에게 가장 가까이 있는 것들을 우리는 어떻게 가장 모를 수 있는가 하는 문제를 탐구하는 데 자신의 시간 대부분을 바쳤다. 그 좋은 예 중 하나가 바로 시간과 우리의 관계다. 우리가 그토록 자주 '시간'이라는 말을 입으로 내뱉고, 글로 쓰고, 귀로 들으면서도 정작 시간이 정말로 무엇인지에 관해서는 별로 아는 게 없다는 점이 흥미롭다. 하이데거는 무언가가 이 정도로 가까이 있으면 사실상 가림막이 쳐진 것이나 마찬가지라고 했다.

17세기 말 아이작 뉴턴은 시간이 절대적이며 보편적이라는 사실을 증명했다. 다시 말해 시간은 그 어떤 사건이나 인간의 경험과도 독립적으로 존재한다. 우주에 아무 존재도 내용물도 없더라도 시간은 아랑곳없이 지속될 것이다. 20세기 초 알베르트 아인슈타인의 상대성 이론은 시간에 대한 이해를 더욱 확장했으나, 무언가가 빛의 속도와 같거나 그보다 빠르게 움직이지 않는 이상, 또는 중력의 영향을 극도로 크게 받지 않는 이상, 뉴턴의 시간 이론은 여전히 유효한 것으로 남았다. 우리가 빛의 속도로 움직일 계획이 아니라면

(그랬다가는 현재를 즐기기 힘들지도 모른다) 혹은 우주 비행사가 되어 블랙홀에 갇힐 생각이 아니라면, 우리는 시간이 절대적이라는 사실을 받아들여야 한다. 우리는 시간을 멈출 수 없으며, 이미 지나간 시간을 바꿀 수도 없다. 시간은 어디에나 똑같이 적용된다. 시간을 쪼갤 수는 없다. 쪼갤 수 없다면 여러 개의 시간을 가질 수도 없다.

간단히 말해서 시간은 그냥 시간이다. 어느 활동에 사용한 1분은 다른 활동에 사용한 1분과 정확히 똑같은 길이만큼 지속된다. 두 활동이 아무리 서로 달라도 마찬가지다. 1시간 동안 꽉 막힌 도로를 달팽이처럼 느릿느릿 기어갔든, 고속도로를 쌩하고 달렸든, 시간은 정확히 60분이 흘렀을 것이다. 시간과 관계를 맺을 때 현재의 관점에서 시간을 경험하는지 반사적으로 관계를 맺는지에 따라, 주관적으로 마치 시간이 더 빨리 지나가는 것 같기도 하고 더 느리게 지나가는 것 같기도 한 질적인 차이를 느낀다. "즐거울 때는 시간이 쏜살같이 지나간다"는 것은 널리 알려진 표현일 뿐만 아니라 대부분 사람이 경험해본 사실이다. 그러나 우리의 주관적 경험은 다를 수 있어도, 시간은 늘 같은 속도로 움직인다.

그런데 말뜻을 파고들어보면 우리는 아주 위험한 짓을 한 것일 수도 있다. 우리는 언어를 통해 마치 시간이 나눠질 수 있는 듯한 착각을 만들어냈다. 이를 포함해 특히 인간 정신에 문제가 되는 언어 조작이 세 가지 있다. 이것들을 해체하지 않는 한 우리는 늘 삶에서 길을 잃을 수 있다.

첫 번째 언어 조작은 시간을 쪼갤 수 있다는 생각이다. 우리는 미디어를 통해, 직장에서, 나 자신의 혹은 타인의 언어를 통해 매일같이 이런 생각에 노출되어 있다. 우리가 '업무 시간' '여가 시간' '질 높은 시간' 등등을 이야기할 때마다 이 개념은 강화된다. 이 때문에 우리는 서로 다른 종류의 시간이 존재하는 듯한, 각각의 시간이 저마다 다른 방식으로 측정되는 듯한 착각을 하게 된다. 우리는 일하는 시간이 따로 있고 여가를 즐기는 시간이 따로 있다고 생각한다. 물론 시간을 여러 카테고리로 나눌 수 있다고 생각해서 각각 서로 다른 이름을 붙이고 서로 다른 방식으로 묘사하는 게 실용적이기는 하다. 하지만 이런 언어 조작은 엄청난 실존적 결과를 가져온다. 이런 언어를 반복해서 사용하면 시간을 쪼갤 수 있다는 생각이 강화되고, 우리는 마치 삶도 쪼갤 수 있는 것처럼 생각하기 시작한다.

그래서 두 번째 언어 조작이 만들어진다. 우리는 나눌 수 없는 하나의 삶만을 가지고 있다. 흘러가버리는 똑같은 하나의 시간만이 있듯이, 흘러가버리는 똑같은 하나의 삶만이 있다. 물론 우리는 그 시간과 삶을 여러 가지에 사용한다. 예를 들면 우리가 일이라고 부르는 것에, 혹은 가족이라고 부르는 것에 말이다. 그러나 언어는 현실의 모양을 바꾼다. 앞서 언급한 것처럼 '토머스 정리'는 '사람들이 상황을 진짜라고 정의하면 진짜 결과가 생긴다'고 한다. 시간을 쪼갤 수 있다고 생각하면 우리는 마치 삶을 쪼갤 수 있는 것처럼 믿도록 자기 자신과 서로를 조종하기 시작한다. 그러면서 직장 생활, 연애 생활, 부모로서의 생활, 여가 생활을 말하기 시작한다. 그러나 우리는 하나의 시간 속에 하나의 삶을 살 뿐이다.

이 점을 제대로 아는 것이 왜 그렇게 중요할까?

시간을 쪼갤 수 있다고 생각하면 삶을 쪼갤 수 있다고 믿게 되고, 그렇게 믿으면 인간을 쪼갤 수 있다고 생각하게 된다. 가장 위험한 세 번째 언어 조작이 만들어지는 것이다. 우리는 나 자신을 일련의 다른 사람인 양 묘사하는 언어 습관에 무방비로 노출된다. 나는 직장인이고, 부모이고, 형제이고, 애인이다. 그러나 거울을 들여다보면 우리는 누구나 (희귀한 기형이나 인지 조건이 있더라도) 그냥 한 사람이다. 거울 속에 직장인, 배우자, 형제 등등 한 군단의 사람들이 나를 노려보고 있지는 않다. 오직 하나의 마음을 가진 하나의 몸이 보일 뿐이다.

물론 우리에게는 여러 가지 책임이 있고 그에 따른 여러 역할이 있지만 우리는 결코 다른 사람이 아니다. 일하는 중이든, 여가 시간을 보내든 우리는 한 사람이다. 그 직장인과 부모, 형제는 동일인이다. 앞서 말한 영국 투자 은행가들의 극단적인 예에서조차 그들이 한 사람에서 다른 사람으로 바뀐 것은 아니다. 그들은 그냥 자신의 인간성에 테플론을 한 겹 코팅했을 뿐이다. 본인의 양심이 자신이 한 행동의 결과를 교묘히 피해갈 수 있을 만큼만 충분히 두꺼운 코팅 말이다. 그런 대응은 현실적이었을 수도 있지만, 위험한 것이기도 했다. 이들이 활동하던 부문은 자살률이 높은 것으로도 악명이 높다.[17] 아무리 튼튼한 프라이팬도 결국에는 코팅이 벗겨진다.

〈하버드 비즈니스 리뷰〉에 실린 한 연구에 따르면, 커리어와 관련해 사람들이 가장 많이 후회하는 것 두 가지는 돈만을 좇아 직장을 택한 것과 때가 되었음을 알면서도 직장을 떠나지 않은 것이었다.[18]

이 두 가지 결론을 염두에 둔다면 테플론 코팅을 통해서든, 철저한 부인을 통해서든, 단순히 일로부터 실존적 거리를 유지하는 것은 지속 가능한 해결책이 아닌 것으로 보인다. 일은 삶에서 실존적이고 밀접한 부분이다. 일은 삶을 잠식하며 수많은 이들을 병들게 한다. 오래전부터 그래온 것처럼 단순히 과도한 신체적 요구를 하기 때문만이 아니라 우리로 하여금 삶을 쪼갤 수 있다고 믿게 만들기 때문이다. 우리는 단순히 일이 실존적 문제가 아니라고, 그저 직업에 의해 주어진 형태의 실질적 필요에 불과하다고, 스스로를 속여왔다. 그러나 안타깝게도, 아니 어쩌면 다행스럽게도, 우리의 몸과 마음은 너무나 원시적으로 만들어져 있어서 이런 구별을 이해하지 못한다. 앞서 말했듯이 언어는 내가 마치 여러 사람인 양 생각하기 쉽게 만들었다. 직장에서의 나와 집에서의 나가 서로 다른 사람이라고 말이다. 이렇게 되면 일은 의미나 행복의 근원이 아니라는 주장을 받아들이기가 훨씬 더 쉬워진다. 우리가 얼마나 많은 시간을 일에 쏟고 또 얼마나 많은 자아를 일에 바치는지 생각한다면 일은 당연히 의미나 행복의 근원이 되어야 하는데 말이다.

시간을 나누면 삶이 나뉜다. 삶을 나누면 나 자신이 나뉜다. 이렇게 쪼개고 나면 삶의 각 부분이 서로 다른 요구를 유발하고 그것이 정당화된다. 직장 밖에서의 욕구나 열망은 직장 안에 있을 때 충족될 필요가 없다고 믿게 된다. 거꾸로도 마찬가지다. 한편에서는 직업적 개발을, 다른 한편에서는 자기 계발을 이야기하기 시작한다. 마치 이것들이 내 몸과 내 삶의 전혀 다른 부분들인 것처럼 말이다. 그러나 우리는 오직 한 사람이다. 당연히 삶 전체를 통해 발전해나가야 할 한 명의 인간이다.

삶의 대차대조표를 그릴 때 우리는 개인란과 직업란을 열로 나눠서 항목을 입력하지 않는다. 그렇게 한다고 한들 제일 아래 행에는 오직 하나의 총계만이 나타날 것이다. 다른 것들이 모두 동일하다면 우리가 최후에 내 삶을 평가했을 때 훨씬 더 의미 있는 삶이 될 가능성이 큰 쪽은 삶을 유기적인 전체로 보고 삶 전체의 평형에 초점을 맞추었던 경우다. 삶의 개별적 부분과 개별 차원에서 차선을 추구했던 경우가 아니고 말이다.

우리가 하나의 시간 속에 하나의 삶을 사는 한 명의 사람이라는 사실을 인식하고 나면, 현재 또는 미래의 노동자들은 근본적으로 두 가지 의문이 생긴다. 첫째, 하나로 된 내 삶을 가장 잘, 가장 의미 있게 보내는 방법은 내가 사랑하는 무언가 혹은 누군가와 함께 보내는 것인가? 둘째, 만약에 그렇다면 대체 왜 우리는 그토록 많은 시간을 소위 '일'이라는 것에 쓰는 것을 받아들이는가? 사랑하는 사람이나 사랑하는 무언가에 둘러싸여 일하는 경우는 아주 드문데 말이다. 여기서 잠깐 짚고 넘어가자면 이런 의문은 벗어날 수 없는 경제적, 사회적 감옥에 갇힌 사람들, 삶이 정말로 생존을 위한 투쟁인 사람들에게는 해당되지 않는다. 나는 그들에게는 아무것도 요구하지 않을 것이며, 요구할 수도 없다. 그러나 나머지 사람들에게는 연대와 아량을 보여줄 것을 요구한다. 저들을 도와줄 것을 요구한다. '여유와 여건'이 되는 사람들은 말이다.

사랑하지 않는 무언가에 우리가 그토록 많은 시간을 쓴다는 사실은 매우 역설적이다. 이는 우리를 병들게 하고 있으며 느리지만 분명히 우리 경제를 갉아먹고 있다. 테플론 코팅이 아무리 두꺼워도, 인간의 마음에 대한 언어 조작이 아무리 깊이 진행되어도, 우리가 반쪽짜리 사람으로 돌아다닐 수는 없다. 말 그대로 그리고 실존적으로도 사람은 둘로 나뉠 수 없다. 우리는 일어나서 일하러 가는 게 아니다. 우리는 일어나서 내 삶 속으로 들어가는 것이다. 일은 삶이라는 커다란 바퀴의 바큇살 하나에 불과하다. 삶의 수많은 면 중에 하나다. 그러나 일은 우리의 시간을 너무나 많이 잡아먹기 때문에 우리는 일에도 삶의 다른 측면들에 대해 요구하고 갈망하는 것과 똑같은 정도의 참여와 사랑, 친밀함을 요구해야 한다. 일은 삶에서 친밀하고 실존적인 부분이다. 우리가 아무리 다르게 생각하도록 스스로를 설득해봐도 일은 우리에게 대단한 영향을 미친다. 왜냐하면 일은 '그냥 일'이 아니라 바로 삶이기 때문이다.

# 속도라는 새로운 신

인간의 궁극적 목표는 그저 만족하고 행복한 것이 아니라 의미 있는 삶을 사는 것이다. 삶의 의미를 묻는 질문에 보편적 답은 없다. 더 이상 커다란 네온 글씨로 "삶의 의미는 사후에 하느님과 재회하기 위한 것"이라고 쓰여 있지는 않다. 우리는 이제 삶의 가장 중요한 질문에 대해 자유롭게 나만의 답을 찾을 수 있는 처지다. 그러나 문제는 우리에게 그렇게 답을 찾아보라고 말하는 사람이 거의 없다는 점이다. 어릴 때 우리는 남들이 나를 대신해 의사 결정을 내려주는 아무 걱정 없는 삶을 살았다. 초등학교에서는 읽기, 쓰기, 수학에 초점을 맞춘다. 중학교 이후에는 어떻게 하면 이 교육의 사다리에서 다음 단으로 올라갈 수 있는지, 혹은 취업에 필요한 자격증을 딸 수 있는지에 강조점이 놓인다. 교육은 점점 컨베이어 벨트를 닮아 간다. 똑같은 사람들을 더 많이 더 빨리 찍어내 직업 세계로 내보낼수록 더 좋은 교육이 된다. 많은 정부가 젊은이들이 더 빨리 교육받고 더 빨리 직업 세계로 나아갈 수 있는 다양한 방안을 도입했다. 그 중에는 청소년이 2년 이내에 학교를 졸업하고 다음 교육 과정으로 넘어가면 추가적인 경쟁 우위를 제공하는 인센티브까지 있다.

간단히 말해 '서두르는 것'이 신의 지위로 격상되었다. 모든 사람은 빨리 다음으로 넘어가야 한다. 이유는 아무도 모르지만 일단 전속력으로 돌진해 시스템을 통과하는 게 중요하다. 정해진 시간에 최대한 높은 학점으로 교육을 마치고 즉각 노동 시장에 투입되어야 한다. 노동 시장은 우리를 새로운 '인재'라며 환호하고 발밑에 장미꽃을 깔아주고 팡파르를 울리며 우리가 '일'이라는, 평생 지속될 아무 걱정 없는 파티장에 도착한 것을 축하한다. 노동 시장은 구원과 함께 끝없이 펼쳐진 푸른 하늘을 제시하며 삶의 의미에 대한 궁극의 진실을 보여준다. 자, 다들 일합시다!

실제로는 일이 이렇게 장밋빛인 경우가 거의 없다는 사실을 사람들은 대부분 알고 있다. 우리가 이 사실을 남들에게 알려주는 것을 잊어버리는 이유는 빠르고 생산적으로 살아야 한다고 다그치는 외부의 온갖 요구에 맞춰 사느라 너무 바쁘기 때문이다. 사회로서의 우리가 너무 바쁜 나머지 간과해버린 중요한 사실이 또 하나 있다. 공부를 빨리 마치는 것과 행복하고 의미 있는 삶을 사는 것이 서로 관계가 있다는 경험적 증거는 전혀 없다는 사실이다. 또한 여러 연구에 따르면 행복하고 건강하게 살고 있다고 말하는 젊은이들의 수는 최근 들어 오히려 감소했다.[19] 그렇다면 이제 서두르는 것이 정말로 우리가 숭배할 만한 신이 맞는지 질문할 때가 아닐까?

우리는 시간과 너무나 가까이 있는 나머지 아우구스티누스가 그랬던 것처럼 시간의 개념을 제대로 파악하기 어렵다. 그 결과 시간은 종종 우리에게서 달아나버린다. 한번 가버린 시간은 다시는 돌아오지 않는다는 사실을 잘 알고 있는데도 말이다.

시간과 돈을 결부시키기 시작하면 정말로 뭔가 잘못되기 시작한다. 산업 혁명은 일의 성질을 근본적으로 바꿔놓았다. 기계는 인간과 달리 휴식 시간이 필요 없다. 연료와 관리자만 있으면 원칙적으로 기계는 쉬지 않고 돌아갈 수 있다. 기계가 오래 일할수록 생산량은 늘어난다. 갑자기 1초, 1초가 중요해진다. 시간이 중요한 기준이 된다. 좀 더 유기적으로 일하는 방식과는 달리, 이제는 시간에 정확한 가치를 할당하는 게 가능해졌다. '상실된 생산성lost production'이라는 형태로 말이다. 시간은 돈이 됐다. 시간도, 돈도 절약하고, 사용하고, 낭비할 수 있는 대상이 됐다. 그러나 다시는 돌아오지 않는 시간과는 달리 우리가 축적할 수 있는 돈에는 원칙적으로 한계가 없다. 시간은 유한하고, 돈은 무한하다. 시간이나 돈이라는 개념을 사용할 때 우리는 이 점을 고려해야 한다. 우리가 자주 그러는 것처럼 마치 시간과 돈이 상호 교환 가능한 것처럼 떠들어댈 일이 아니다. 명백하게 시간은 돈보다 훨씬 큰 가치가 있다. 그러나 브리티시컬럼비아대학교의 엘리자베스 던Elizabeth Dunn 교수에 따르면 우리는 늘 정반대의 경우인 것처럼 행동한다고 한다.

던 교수의 연구를 보면, 인구 비율에 맞는 표본을 선정해 매주 25퍼센트의 시간을 더 일하거나 통근 시간이 50퍼센트 늘어나는 조건으로 20퍼센트의 연봉 인상을 제안하면 둘 중 한 사람은 제안을 받아들인다고 한다.[20] 그렇다면 우리가 허겁지겁 이상적인 노동자의 이미지를 따르고, 나 자신을 노동 시장에서 최대한 매력적으로 만들고, 최대한 많은 돈을 축적하려고 하는 것도 이상한 일은 아닌 셈이다. 설상가상으로 우리는 돈을 많이 가진 사람에게 높은 사회적 지위를 부여한다. 반대로 시간은 많은데 돈이 없는 것은 거의 창피한 일인 것처럼 간주한다. 던 교수의 연구에서 시간보다 돈을 더 높이 평가했던 응답자들은 삶에 대한 만족 수준이 현저히 더 낮았다. 그럼에도 우리는 여전히 시간보다 돈을 더 높이 평가한다. 이 사례는 또한 전 세계적으로 더 큰 경제적 번영을 누리고 있음에도 어떻게 스트레스와 불안은 그와 동시에 증가할 수 있는지 보여준다. 경제적 번영은 원래 우리의 문제를 해결하고 스트레스를 줄여주어야 한다. 그러려고 우리가 그토록 열심히 일해 경제적 번영을 이루려는 것 아닌가? 던 교수는 우리가 시간에 경제적 가치를 더 많이 부여할수록, 더 많은 시간적 압박을 느끼게 된다고 지적한다.[21] 돈을 더 많이 벌수록, 시간은 더 부족하다고 느끼게 된다.

삶의 질을 높이기 위해 엄청난 양의 돈을 벌려고 서두르는 것은 철학적으로 거의 말이 안 되는 일이다. 그러다가 결국 시간은 없고 삶의 질은 더 낮아진다. 하지만 우리는 바로 그렇게 살고 있다. 우리는 시간보다 돈을 더 중시하고, 부를 추구하느라 서두름을 거의 신의 지위로 격상시켰다. 그럼에도 돈을 가장 잘 쓰는 방법을 연구하면 뭔가 도움이 될까?

던 교수는 돈을 사용해서 더 만족스러운 삶을 살 수 "있다"고 말한다. 시간을 사는 데 그 돈을 쓰면 된다. 덴마크, 네덜란드, 캐나다, 미국에서 진행된 던 교수의 연구는 청소나 정원 가꾸기처럼 시간을 절약해주는 서비스에 돈을 쓰면 물건을 사는 데 돈을 쓰는 것보다 훨씬 더 높은 만족감을 느낀다는 사실을 밝혀냈다. 그렇다면 그 첫 번째 단계는 시간이 '실제로' 돈보다 더 가치 있다는 사실을 인식하는 것이다.

또한 돈을 어떻게 사용하는지 눈에 보이게 만들면 돈에 대한 자각을 높일 수 있다. 기본적으로 돈은 어떤 기능을 하는 물건이다. 우리는 돈이 부족해졌을 때에야 돈을 제대로 느낀다. 계좌에 돈이 하나도 남지 않으면 돈이 무엇을 의미하고 얼마나 중요한지 다시 한번 깨닫게 된다. 시간도 마찬가지다. 살다가 시간이 영원히 지속되지 않는다는 사실을 일깨워줄 사건이 발생해서야 우리는 내가 시간을 어떻게 사용하고 있는지 반성해본다. 돈이 부족하면 최악의 경우 파산하거나, 혹은 거기에 더해 리얼리티 TV에 그런 사실이 노출될 수 있다. 그러나 시간이 부족하면 최악의 경우 시간을 잘못 사용했다며 내가 살아온 삶을 후회하는 것으로 끝날 수 있다. 삶에 의미를 부여하는 일에 시간을 쓰지 않았다고 말이다.

'파산' 상태가 되었다면 예산표를 그려서 어디서 돈이 새고 있는지 보아야 할 것이다. 그런데 돈을 어떻게 쓰는지가 아니라 시간을 어떻게 쓰는지에 관한 예산표를 그린다면 어떻게 될까? 우리가 얼마나 정신없이 앞만 보고 달리며 살고 있는지 생각한다면 가끔씩 하던 일을 멈추고 한정된 나의 시간을 어떻게 사용하고 있는지 평가해보아야 하지 않을까? 시간이 돈보다 더 가치 있다면 두 가지 모두 꼼꼼히 예산을 짜보는 것이 합리적일 것이다. 아니, 어쩌면 돈보다 시간 예산을 더 꼼꼼하게 짜야 할 것이다.

현재는 너무나 빠르게 지나가기 때문에 내가 하는 일의 우선순위를 정하는 것은 쉬운 일이 아니다. 그러나 서장에서 보았던, 삶의 마지막 순간 사람들이 고백했던 내용을 생각해보면 우리가 자녀를 어떻게 키우고 있고 그들을 삶에 대해 어떻게 준비시키고 있는지 진지하게 한번 생각해보아야 한다.

우리가 삶의 대부분을 성인으로 보낸다는 사실을 고려하면 자녀 양육과 교육에서 가장 중요한 것은 자신이 가치 있는 사람이라는 생각과 자아 의식을 잘 심어주는 일일 것이다. 그래야 살면서 무슨 일이 닥치더라도 자기 자신에게 솔직함을 유지하면서 삶의 의미를 찾을 수 있다. 부모로서, 선생님으로서, 정치가로서 우리의 책임은 아이들이 단순히 시험을 통과하거나 직장을 찾는 일뿐만 아니라 삶에 대비할 수 있게 도와주는 것이다. 삶에서 중요한 것은 시험이나 직장이 아니다. 삶에서 중요한 것은 의미를 찾는 것이다. 제곱근을 배웠다고 해서 반드시 삶의 의미를 찾을 수 있지는 않을 것이다. 읽기, 쓰기, 셈하기와 시험에 통과하는 법을 배우는 일이 젊은이들의 삶의 질을 떨어뜨린다는 얘기가 아니다. 그러나 이런 능력은 성인으로서의 삶을 의미 있게 헤쳐나가는 능력에 비하면 지금도, 앞으로도 부차적인 능력이다. 아이들이 다양한 능력을 갖추고 성인기에 접어든다면 이상적일 것이다. 여러 개의 언어를 유창하게 말하거나,

복잡한 수학 방정식을 풀거나, 인류 역사의 중요한 시기들을 설명할 수도 있을 것이다. 그러면서 동시에 진실성을 가지고, 삶에 대한 열정이 있고, 자신의 존재 의미를 찾을 수도 있다. 기본적 능력들을 갖추지 못한 상태에서 부차적 능력은 의미가 없다. 부차적 능력은 유용한 것들이지만, 기본적 능력은 없어서는 안 되는 것들이다.

자연히 우리는 제곱근을 아는 사람에게 보상을 준다. 사실 우리는 수요가 있는 능력을 보유한 모든 사람에게 보상을 준다. 개인에게도 시스템에도 상호 이익이 되는 능력 말이다. 그러나 정작 우리는 그렇게 능력 있는 사람들에게 사랑하는 사람과 더 많은 시간을 보내야 한다고 일깨워주는 일은 하지 못하고 있다. 타인의 기대에 부응하는 것에는 신경을 좀 덜 쓰고 자기만의 기준에 따른 삶을 사는 것에 더 초점을 맞춰야 한다고 얘기해주는 경우는 거의 없다. 이는 과연 어떤 결과를 초래할까? 답을 알려줄 전지전능한 신이나 예언자가 없는 상황에서 우리는 사회가 나에게 할당한 역할을 받아들인다. 내가 누구이고, 어떤 사람이 되고 싶은지 전혀 인식하지 못하는 상태에서 남들이 탐낸다고 생각되는 것들을 탐내기 시작한다.

심리학자들은 이런 현상을 '다원적 무지pluralistic ignorance'라고 부른다. 주어진 규범에 대해 정말로 신경 쓰는 사람은 아무도 없지만, 남들이 그 기준을 신경 쓰고 또 받아들인다고 모두가 믿을 경우, 아무도 감히 그 규범을 어길 생각을 하지 못한다. 간단히 말해 다원적 무지란 남들이 다들 그렇게 믿는다고 생각해서 나도 그렇게 믿어버리는 현상이다. 우리는 옳다고 생각하는 일을 행동으로 옮기지 않는 나 자신을 정당화하고 싶을 때 이 현상을 이용한다. 남들도 다들 그냥 해오던 대로 하고 있다고 말이다. 문제는 '남들이 다들' 그렇게 하는 것은 다른 '남들이 다들' 그렇기 하기 때문이라는 것이다. 이는 다원적 무지를 계속 강화할 뿐이다. 이렇게 되면 주어진 규범에 다들 반대하면서도 남들이 해당 규범을 받아들인다고 생각해서 모두 그 규범을 계속 따르는 일도 원칙적으로 발생할 수 있다. 우리가 서두름을 신의 지위로 격상시키고 머리 없는 닭처럼 무작정 앞으로 돌진하는 것은 주위 사람들이 다들 그렇게 하고 있기 때문이다.

가장 빨리 달리는 사람에게 보상을 준다는 사실은 나도 적어도 그 정도는 빠르게 뛰어야 할 이유가 된다. 우리도 보상을 갈망하기 때문이다. 프랑스의 정신분석학자 자크 라캉은 이 현상을 더 깊이 파고들었다.[22] 우리는 나에게 결핍되었다고 느끼는 것을 갈망한다. 그중에 가장 간절히 갈망하는 것은 인정과 보상이다. 내가 서두를 때마다 시스템이 나의 등을 두드려준다면 더 빨리 돌진할 이유가 된다. 그러나 라캉에 따르면 우리가 갈망하는 것은 단순한 인정이 아니다. 라캉은 우리의 갈망이 우리 자신의 것이 아니라 남들이 원한다고 생각해서 우리 안에 주입된 것이라고 말한다. 그 갈망들은 단순히 우리의 문화와 양육 과정에 스며든 덕목, 도덕, 이상의 산물인 경우도 많다. 그런 덕목, 도덕, 이상을 규정하는 신의 지위에 있는 것이 바로 서두름임을 감안하면 우리가 끊임없이 그렇게 서두르는 것도 놀랄 일은 아니다. 그게 우리 문화가 우리에게 기대하는 바이기 때문이다. 문제는 서두르는 것이 우리 자신에 관해 아는 데 별로 도움이 되지 않는다는 점이다. 나 자신에 관해 알려면 어느 정도의 공간과 반성이 필요하며, 스스로에 대해서도 또 내가 가진 의구심들에 대해서도 솔직해야 한다. 부모님과 선생님들에게 의견도 구하고, 답을 내놓기보다는 자주 질문을 해야 한다.

그러나 요즘에는 '자기 자신을 알도록' 사람들을 교육하지 않는다. 대신에 주로 '자신이 무엇이 될 수 있는지' 이해할 수 있도록 교육한다. 고용주에게 최대한 효과적이고 매력적인 사람이 될 수 있는 기술과 직업을 알려준다. 그런 점에서 우리는 독일의 철학자 프리드리히 니체가 당대의 교육 기관의 목적에 관해 비판했던 1872년 이후 아무런 발전이 없는 셈이다. 니체는 이렇게 말했다.

"이 설계에 따르면 교육의 목적은 최대한 많이 통용될 수 있는 사람을 길러내는 것이다. 여기서 '통용된다'는 말은 법정 화폐에 사용하는 바로 그 뜻이다. 그런 사람의 수가 많아질수록 나라는 행복해질 것이다. 그리고 바로 이게 현대 교육 제도의 목적이다. 사람의 본성이 허용하는 한 모든 사람이 '통용되도록' 도와주는 것 말이다. 사람을 개발해 그가 딴 학위가 그에게 최대한의 행복과 금전상의 이득을 가져다주게 하는 것이다. (…) 이 구역에서는 고립되는 문화, 금전과 수익 외에 목표를 설정하는 문화, 시간을 요구하는 모든 문화는 혐오의 대상이 된다. 에피쿠로스주의 같은 비도덕적 문화나 자아를 고양하는 것과 같은 괴짜스러운 시스템은 교육에서 제거하는 것이 관례다. 실제로 오늘날 지배적인 윤리는 정반대의 것을 요구한다. 오늘날 요구되는 교육은 사람이 빨리 돈 버는 존재가 될 수 있는 '속성 교육', 돈을 아주 잘 버는 존재가 될 수 있는 '철저한 교육'이다."[23]

초중고등학교와 대학교의 목표가 행복과 의미를 성취할 능력을 갖춘 성인을 양성하는 것이 되어야 할지, 아니면 대학교는 그냥 노동 시장에 인력을 공급하기 위해 존재할 뿐인 것인지 생각해보아야 한다. 오늘날 우리는 주로 사람들이 '통용되도록' 혹은 자기 자신을 마케팅할 수 있도록 교육한다. 시장에서 자기 자신을 최대한 높은 값을 받고 팔 수 있기를 바란다. 스스로를 위해 또 사회를 위해 최대의 이익을 만들어내기 위해서다. 그러면서 행복과 구원을 성취할 수 있기를 바란다. 그러나 소비를 통해 훌륭한 삶에 이를 수는 없다. 왜냐하면 의미는 전혀 다른 곳에서 발원하기 때문이다. 세상의 모든 부를 다 가져도 의미 있는 삶을 살 수는 없다.

높은 학점을 받고 자격증을 땄는데도 인간성이나 자기 자신에 대한 지식이 제대로 개발되지 못했다면 훌륭한 삶을 사는 것뿐만 아니라 평균 이상의 직업적 경험을 하는 데도 불리하다. 높은 학점을 받고 직업 세계로 뛰어들 준비가 된 사람들보다는 개성 있는 사람들을 개발하는 교육 체계에 더 관심을 가져야 한다. 우리가 아무리 시장에 내놓기 좋은 사람이라고 해도, 내 지식으로부터 최대의 이윤을 끌어낼 방법을 아무리 부지런히 배워도, 결국에는 자기 자신을 가장 잘 아는 사람이 의미 있는 삶으로 가는 가장 빠른 길을 찾는다.

우리는 잠깐 멈춰 서서 생각을 해보는 것이 얼마나 중요한 일인지 잊어버렸다. 혼자서든 남들과 함께이든 우리는 그렇게 잠시 멈춰 섰을 때에만 더 현명해질 수 있다. 그렇게 멈춰 섰을 때 우리는 내가 누구인지 더 잘 알게 될 뿐만 아니라 내가 누구는 '아니고', 앞으로도 '될 수 없는지' 알 수 있다. 우리는 니체가 말한 고립을 두려워하지 말아야 한다. 다시는 돌아오지 않을 시간을 태워버리며 전속력으로 달아나고 있는 삶으로부터 잠시 숨을 돌리는 것은 건강한 휴식이다. 그러나 우리는 그 고독을 현명하게 사용하도록 정신을 바짝 차려야 한다. 고독은 숨 쉴 공간을 제공한다. 내면을 들여다보면서 나는 과연 내가 원하는 그 사람이 되어가고 있는지 판단할 수 있는 시간을 준다. 여러모로 삶은 음악과 비슷하다. 쉬는 곳이 없다면 음악은 소음에 불과하다. 음과 음 사이의 쉬는 곳, 박자와 박자 사이의 빈 공간이 멜로디와 리듬, 그 절묘함을 만들어낸다.

교육이 제공해야 할 가장 가치 있는 것은 자격증이 아니라 내가 누구인지 배울 수 있는 기회다. 그러나 이런 기회를 개발하는 데는 시간이 걸린다. 당신은 당신이라는 한 사람이 살고 있는 그 하나의 삶에서 여기에 사용할 시간을 반드시 따로 떼놓아야 한다. 삶의 의미가 단순히 돈을 버는 것일 수는 없다. 서두름이라는 신을 숭배하며 허둥지둥 뛰어다니는 것일 수는 없다.

그러나 우리의 갈망, 인정과 보상은 모두 자기 인식이 있는 존재로서의 삶을 준비하는 것과 관련되기보다는 일하고 돈 벌 준비를 하는 것과 관련되다 보니 다원적 무지, 즉 남들이 나에게 기대한다고 생각하는 것으로부터 자유롭기가 힘들다. 2016년 미국의 대학생들을 조사한 연구에 따르면 1987년과 비교해서 4학년생들이 친구와 어울리는 시간은 주당 4시간, 파티를 하는 시간은 주당 3시간이 줄었다고 한다.[24] 매주 사람들과 어울리는 시간이 7시간이나 줄었다는 뜻이다. 사회생활 기술을 개발하며 인간관계를 경험하고 자신의 감정을 다루는 법을 배울 시간이 매일 1시간씩이나 줄어든 셈이다.

열심히 이리 뛰고 저리 뛰면 지위는 얻을 수 있다. 하지만 가만히 있을 여유 시간은 남지 않는다. 덴마크의 철학자 쇠렌 키에르케고르가 바쁜 것이 아무 의미 없다며 다음과 같이 비웃었을 때는 뭔가 이유가 있을 것이다. "수많은 바보 같은 행동 중에서도 내가 보기에 가장 바보 같은 행동은 바쁜 것이다. 먹느라 일하느라 바쁜 사람이 되는 것 말이다. 그래서 나는 결정적인 순간에 그렇게 바쁜 사람의 코에 파리가 앉는 것을 보면, 혹은 그 사람보다 더 바쁜 마차가 옆으로 지나가면서 그에게 진흙을 튀기면, 혹은 그의 눈앞에서 도개교가 올라가버리면, 혹은 그가 떨어진 기왓장에 맞아 기절하면, 실컷 웃어젖힌다. 어떻게 웃음이 터지지 않을 수가 있을까? 그렇게 바쁜 사람들이 과연 뭘 해냈을까? 집에 불이 나자 놀라서 부집게만 들고 밖으로 나온 여자와 저들이 뭐가 다를까? 삶에 큰불이 났을 때 저들은 과연 부집게보다 더 중요한 무얼 구출해서 나올 수 있을까?"[25]

우리는 바쁜 것과 중요한 것, 나아가 의미 있는 것을 서로 헷갈리지 말아야 한다. 종종 바쁜 것은 내가 바쁜 그 대상이 '정말로' 중요한 것인지 아닌지 고민을 회피하기 위한 수단에 지나지 않을 때가 있다. 살다가 뭔가 사건이 터져 궤도를 이탈하게 됐을 때야 우리는 일상의 잡무로부터 눈을 돌려 진지하게 내가 시간을 어떻게 쓰고 있나 헤아려본다. 그리고 그런 계기는 (비유적으로 말해서) 적어도 눈앞에서 도개교가 올라가거나 머리 위로 기왓장이 떨어지는 정도는 되어야 하는 경우가 너무나 많다. 죽음이 목전에 와서 타인의 기대와 평가로부터 자유로워지는 시기가 되어서야 어느 정도 눈앞이 선명해지고 어쩌면 후회를 경험하는 경우도 많다.

우리가 그런 진실의 순간에 더 빨리 도달할수록, 시간을 사용하는 방법을 더 빨리 조정할 수 있으며, 내가 올바른 목표를 향해 노력하고 있는지도 확인할 수 있다. 하지만 그러려면 지금 현재 우리 문화에 팽배한 이상이나 윤리, 덕목들은 내다 버려야 한다. 커리어의 사다리를 버리고 매일매일 전혀 다른 사다리를 올라야 한다. 이 사다리는 남들의 인정이나 자격증, 직책명, 물질적 부를 통해 개인적 풍요에 이르는 사다리가 아니다. 이 사다리는 '자기 존중'의 사다리다. 이 사다리의 주된 목적은 자기 통찰을 이루어 자기 인식을 만들어내고 그를 토대로 자기 가치와 자기 존중에 이르는 것이다.

시간을 나누면 삶이 나뉜다. 삶을 나누면 나 자신이 나뉜다. 이렇게 쪼개고 나면 삶의 각 부분이 서로 다른 요구를 유발하고 그것이 정당화된다. 마치 이것들이 내 몸과 내 삶의 전혀 다른 부분들인 것처럼 말이다.

그러나 우리는 오직 한 사람이다. 당연히 삶 전체를 통해 발전해나가야 할 한 명의 인간이다.

# 2장

# 어떻게 삶의 의미를 찾을 것인가

당신은 평균보다 운전을 잘하는가? 아마도 아닐 것이다. 우리 중에 일부는 그럭저럭일 테고, 일부는 평균도 안 될 테고, 일부는 평균보다 잘할 것이다. 그러나 대부분 사람은 이런 간단한 수학조차 용납하지 못하고 나는 평균보다 운전을 잘한다고 확신한다. 심리학자들은 이것을 '평균 이상 효과better-than-average effect'라고 부른다. 통계적으로 불가능함에도 불구하고 우리는 내가 평균보다 낫다고 생각하는 경향이 있다. 우리는 내 능력을 너무 자신하는 나머지 기술에게 운전대를 넘겨주기도 꺼린다. 기계가 사람보다 운전을 잘한다는 증거가 있더라도 말이다. 이런 착각은 비단 운전에만 적용되는 것이 아니다. 열 명 중에 일곱 명은 내가 주변 사람들보다 더 훌륭한 친구라고 생각한다. 열 명 중에 여섯 명은 내가 평균보다 더 훌륭한 동료

라고 생각한다. 역시나 그 정도 사람이 내가 대부분 사람보다 훌륭한 배우자라고 생각한다.[26]

우리의 자기 인식은 명백히 수정이 필요해 보인다. 하지만 우리가 객관적인 기준을 가지고 내가 뭔가를 잘하는지 판단하는 경우는 거의 없다. 훌륭한 운전자의 기준에 대해서는 사람마다 의견이 크게 다르다. 훌륭한 운전자란 안전 운전을 하는 사람인가? 효율적으로 운전하는 사람인가? 교통 규칙을 잘 지키는 사람인가? 공손한 초보 운전자는 정말로 난폭한 과속 운전자보다 운전을 잘하는가? 누군가가 평균보다 훌륭한 운전자인지 판단하는 것만도 쉽지 않은데, 훌륭한 친구, 동료, 배우자를 결정하는 일은 훨씬 더 복잡하다. 이런 것을 결정하는 방법은 수없이 많고, 불확실성으로 망설여질 때 우리는 나 자신이나 내 능력을 일단 한번 믿어보기로 한다. 내가 그토록 열망하는 인정을 아무도 나에게 주지 않으면 우리는 스스로 나 자신을 칭찬한다.

사우샘프턴대학교와 로열홀러웨이 런던대학교, 오하이오대학교 연구진은 이 현상의 가장 객관적이고 극단적인 사례를 찾아보려고 상당한 시간을 썼다.[27] 연구진은 이렇게 자문해보았다. 이론의 여지 없이 평균보다 부정적인 성격적 특성과 가장 밀접히 연관된 집단은 누구일까? 연구자들이 내린 결론은 다른 조건이 모두 동일하다면 정직성이라는 측면에서 나머지 사람들과 비교가 되지 않는 집단은 교도소 수감자들이었다. 이들은 양심의 가책이 결여된 결과를 매일

같이 치르는 중이니 말이다. 그래서 연구진은 영국의 교도소에 수감된 85명의 죄수를 인터뷰하고 다양한 기준을 바탕으로 스스로를 평가해보게 했다.

연구진은 수감자들에게 자신이 얼마나 도덕적이고, 신뢰할 만하고, 정직하고, 믿을 만하고, 동정심이 있고, 관대하고, 법을 잘 지키고, 자제력이 있고, 타인에게 친절한지 점수를 매겨보게 했다. 먼저 자신을 평균적인 수감자들과 비교하고 그다음에는 평균적인 일반인들과 비교하게 했다. 놀랍지 않게도 수감자들은 9가지 기준 전부에서 자신이 평균적인 수감자보다 훌륭하다고 평가했다. '평균 이상 효과'가 분명했다. 더욱 놀라운 것은 수감자들이 8가지 기준에서 자신이 평균적인 일반인보다 훌륭하다고 평가했다는 사실이다.

수감자들은 자신이 평균적인 일반인보다 더 도덕적이고, 신뢰할 만하고, 정직하고, 믿을 만하고, 동정심이 있고, 관대하고, 자제력이 있고, 타인에게 친절하다고 했다. 일반인보다 자신이 못할 수도 있다고 인정한 영역은 '법을 잘 지킨다'라는 영역 하나뿐이었다. 심지어 이 영역에서조차 수감자들은 자신이 평균적인 일반인보다 법을 '덜 지킨다'라고 평가한 것이 아니라 수감되지 않은 사람들과 '같은 수준'으로 법을 지킨다고 평가했다. 본인이 저지른 행동 때문에 현실에 참여하지 못하고 자유를 박탈당한 사람들조차 자신은 수감되지 않은 사람들보다 더 도덕적이고, 신뢰할 만하고, 정직하고, 믿을 만하고, 동정심이 있고, 관대하고, 자제력이 있고, 타인에게 친절하다고 믿고 있었다.

수감자들은 또한 석방된 후 자신이 다시 범법 행위를 저지를 가능성에 대해서는 일관되게 과소평가했다. 역시나 자기 인식이 현저히 결여된 모습이었다. 비단 범죄자들만이 아니라 왜 그토록 많은 사람이 스스로를 평균적인 운전자, 배우자, 법을 지키는 시민보다 더 훌륭하다고 생각할까? 통계적으로 보았을 때 전혀 그렇게 믿을 이유가 없는데도 말이다. 나 자신의 능력에 대한 이 과장된 자신감은 대체 어디서 나오는 걸까?

## 자기 통찰이 자기 인식을 낳는다

고대 그리스에서는 중요한 의사 결정을 내릴 때 델포이에 있는 아폴론 신전에서 신탁을 전해주는 신성한 사제에게 조언과 지침을 구했다. 아폴론이 이성의 신이었기 때문이다. 사제를 만나 자신의 고충을 이야기하려는 사람들은 먼저 신전의 대리석 벽에 새겨진 "너 자신을 알라"라는 글귀를 마주쳤다. 장점과 단점을 포함해 자기 자신을 직시하라는 요구였다. 자신의 한계와 인간성, 유한함에 대한 자기 통찰을 갖춘 후에야 사람들은 사제를 만나 신의 조언을 구할 수 있었다. 내면을 들여다보는 것은 미덕으로 간주됐다. 내가 어떤 사람이고, 어떤 것은 내 모습이 아닌지 먼저 정확히 안 후에 남들의 의견을 구해야 했다.

오늘날 우리 중에 내가 어떤 사람인지 안다고 주장할 수 있는 사람이 과연 몇이나 될까? '당신은 누구(어떤 사람)인가who are you'라는 질문에 정확하게, 논리적으로, 일관되게 답할 수 있는 사람이 몇이나 될까? 대부분은 얼빠진 사람처럼 자신의 직업을 말할 것이다. 그러나 슈퍼마켓에서 과일과 채소 코너를 담당하는 것은 당신이 무엇을 하는지 말해줄 뿐 당신이 누구인지 말해주지는 않는다. 내가 누구인가 하는 것은 나의 장점, 단점, 성격에 대한 깊이 있고 심오한 질문이다. 우리가 다른 사람에게 당신이 누구냐고 물었을 때 상대가 직업으로 답을 한다면 우리는 공손하면서도 단호하게, 그 두 가지는 서로 다르다는 것을 일깨워주고 다시 물어야 한다. 그러나 현실에서는 대부분 사람이 자신이 누구인지 모른다. 그래서 누구냐고 물었을 때 직업으로 답을 해도 그 답을 받아들인다.

우리는 이 질문이 나에게 되돌아오는 것을 무조건 피한다. 나도 내가 누구인지 전혀 모른다는 사실이 들통날까 두렵기 때문이다. 결국 우리는 내가 누구인지 이야기하고 상대가 누구인지 설명을 듣기보다는 사과의 특가 판매 가격이나 판촉 기회를 알려주는 데 더 많은 시간을 쓰고 만다.

이사크 디네센Isak Dinesen이라는 필명으로 더 유명한 덴마크의 작가 카렌 블릭센Karen Blixen은 1957년에 이렇게 말했다. "캐릭터의 가슴속 울부짖음, 각 캐릭터의 가슴속에 있는 단 하나의 울부짖음, '나는 누구인가?'라는 울부짖음에 답할 자격을 가진 것은 이 우주 전체에서 오직 스토리뿐이다."[28]

나 자신을 이해하려면 또는 남들에게 내가 누구인지 설명하려면 나 자신의 스토리를 이해해야 한다. 여기서 중요한 것은 '직업'과 '누구'를 구분할 수 있는 능력이 아니다. 물론 언어를 정확하게 사용하는 것은 가치 있는 일이다. 그래야 끝도 없이 내 말의 뜻을 설명해야 하는 일을 피할 수 있기 때문이다. 그러나 중요한 사실은 언어가 문화와 서로 연결되어 있다는 점이다. 문화적으로 우리는 어느 질문에 대한 답을 모를 때 다른 질문 혹은 유사한 질문에라도 답을 해야 나의 무지가 들통나지 않는다고 생각하는 한심한 습관이 생겼다. 심지어 우리는 모르는 것도 아는 척을 하는 데 능한 사람에게 보상을 주기까지 한다. 구두 시험이나 구두 면접을 한번 생각해보라. 우리는 어떤 대화이든 나에게 더 편안한 주제 쪽으로 대화를 몰아가는 연습을 한다. 그 주제가 당면 과제와 아무런 관련이 없더라도 말이다. 가끔 우리가 실수로 이해 부족을 노출하면 어찌 되었든 해피엔딩이었다는 쪽으로 스토리의 방향을 돌리는 것이 용인된다.

우리는 내가 모르는 것, 혹은 할 수 없는 것을 대놓고 인정하면 남들이 나를 약한 존재로 여길 거라고 생각한다. 그 결과 우리는 나의 한계를 노출하는 것에 대해 노심초사하게 되었다. 나의 한계는 절대로 시장에 내놓을 수 있는 내용이 아니다.

우리가 교육 체계를 떠나 바늘구멍 같은 취업 면접을 통과해서 인사 고과에 참여하고 피드백을 받기 시작할 때 이는 어떤 결과를 낳을까? 우리는 내 장점과 성과에 대한 칭찬을 들을 때와 마찬가지로 내 결함과 단점에 대해 자세하고 깊이 있는 비난을 듣게 될까? 그럴 리는 없을 것이다.

안타깝게도 경영 심리학과 경영 교수법은 우리에게 부정적 비판을 한 번 할 때마다 그것을 상쇄할 수 있는 긍정적 피드백을 세 개는 내놓아야 한다고 가르친다. 다시 말해 우리는 나의 단점을 인식하고 해결하는 데보다 나의 장점을 인식하고 개발하는 데 세 배의 시간을 더 보내게 된다. 이는 잘못된 방법이다. 현실은 정반대여서 내가 잘 못하는 것이 세 가지이고, 실제로 아주 잘하게 된 것은 하나뿐이라면 어쩔 텐가? 그때는 존재하지도 않는 능력을 두 가지 지어내고 잘 못하는 것 두 가지는 무시할 텐가?

모든 비난은, 그것이 관리자가 직원에게 주는 것이든 아니면 어머니가 아들에게 혹은 친구가 친구에게 주는 것이든, 세심하게 전달해야 한다. 비난받는 상대가 그의 잠재력을 온전히 깨닫게끔 도와주겠다는 생각을 갖고 있어야 한다. 그러나 부정적인 것을 축소하거나 보상하기 위해 긍정적인 것을 과장하거나 일부러 지어내겠다고 하는 것은 건강하지 못한 생각이다. 그것은 나 자신을 이해해갈 때 비현실적인 출발점에서 시작하겠다는 뜻이다. 그렇게 해서는 기껏해야 내가 잘하는 무언가, 살면서 보상을 받고 강화하는 나의 일부분을 알게 될 뿐이고, 나의 다른 부분들은 무시하게 된다.

우리가 지나치게 긍정적인 자기 인식을 가지고 아폴론 신전을 방문한다면 우리가 얻을 수 있는 조언이나 지침에는 한계가 생길 수밖에 없다. 다시 말해 자신감이 넘치는 채로, 내 능력에 대한 절대적 확신을 갖고 신전에 들어가면 그 자신감을 강화해주는 통찰만을 가지고 나오게 된다. 그렇게 되면 더 이상 답을 찾기 위해 신탁의 사제를 방문하는 것이 아니라 이미 가진 답을 확인받으러 가게 된다. 신전 벽에 새겨진 글귀는 읽지 않아도 된다고 생각하게 된다.

이는 나쁜 버릇이다. 이는 자기 통찰이 결코 자기 인식으로 이어질 수 없다는 뜻이기 때문이다. 오히려 자기 통찰은 자기기만만을 기웃거리게 된다. 긍정적인 자기 통찰을 가지고 과도한 자신감을 끊임없이 부채질하고 과장한다면, 세상 속 내 위치에 대해 더 균형 잡힌 성찰이 필요하다고 아무리 얘기해줘도, 부정적 자기 통찰은 일절 허용하지 않게 된다. 심지어 감옥 안에서조차 말이다. 감옥조차 나 자신과 내 단점을 성찰할 공간이 될 수 없다면 내 자동차, 내 우정, 내 직장, 내 결혼 생활이 성찰의 공간이 될 수 없는 것은 놀랄 일도 아닐 것이다.

자기 통찰의 과정이 그저 자신감에 푹 빠져 있다면 자기 통찰은 자기 만족으로 전락할 것이고, 우리는 결국 자화자찬하는 사제가 되어 끊임없이 스스로를 과대평가할 것이다. 내 생각, 내 아이디어, 독이 되는 자신감에 휘둘릴 것이다. 종종 우리는 잘못한 일이 있는데도 잊어버리고 넘어가라는 얘기를 듣는다. 통계적으로 말해서 우리의 삶은 행복으로 가득해야 한다는 얘기도 듣는다. 그렇다면 나의 모자란 부분을 고민하느라 많은 시간을 쓸 이유는 더욱더 줄어든다. 행복하게 보이라는 게 사회의 규범인데, 불행하게 보이고 싶지는 않을 것이다. 그 결과 우리는, 서서히 그러나 분명히, 불완전하거나 불행하게 보일까 노심초사하게 된다.

그러나 완벽한 삶을 살 수 있는 것은 완벽한 사람뿐이다. 그리고 완벽한 사람은 존재한 적이 없다. 우리는 누구나 신체적으로든, 지적으로든, 사회적으로든 한계를 가지고 태어난다. 불완전한 사람은 당연히 불완전한 삶을 살 수밖에 없다. 조언을 구하러 온 사람들에게 아폴론 신전 대리석 벽에 새겨진 글귀가 일깨워주려고 했던 것도 바로 이 점이다. "너희는 신이 아니다." 마찬가지로 감옥에 수감되어 있는 사람은 내가 법을 잘 지키는 사람은 아니라는 사실을 깨달아야 한다.

스스로를 과대평가하고 자기 미화를 용인하는 것 말고도 자기 통찰이 자기 인식으로 나아가지 못하게 막는 방해물들이 있다. 자기 미화의 사악한 쌍둥이 동생은 '자기 경멸'이라는 것이다. 내 능력에 대한 믿음 없이 세상에 뛰어든다면, 자기 통찰의 내용이 오직 부정적인 것밖에 없다면, 내가 못 하는 것들에만 온통 초점을 맞춘다면, 자기 경멸이 자리를 잡는다. 그렇게 되면 두드러지게 부정적인 자기 이해가 만들어진다. 내가 할 수 있는 온갖 것들은 고려하지 않고, 또 다른 형태의 거짓된 자기 인식 즉 극도로 우울하고 부정적인 자기 인식을 갖게 된다.

자기 경멸이 특히 눈에 띄는 것은 삶이 쪼개질 수 있다고 나 자신이나 다른 사람의 생각을 조종할 때이다. 시간을, 삶을, 자기 자신을 쪼개게 되면 큰 그림을 보지 않게 된다. 삶을 나누게 되면 우리는 옆에 앉아 있는 저 남자가 더 다정한 아버지라고, 길 아래에 사는 그 여자가 더 멋진 아내라고, 다른 부서에서 일하는 그 관리자가 더 유능한 사람이라고 생각하기 시작한다. 내 삶과 나 자신을 전체적으로 일관되게 평가하지 않고 나 자신을 쪼개버리면 우리는 온통 불완전한 사람이 되어버린다. 그러나 아무도 세상만사의 모든 일에 다 일인자가 될 수는 없다. 우사인 볼트Usain Bolt가 100미터 달리기에서는 세상에서 가장 빠를지 몰라도, 레알 마드리드에서 뛰겠다는 포부를 현실로 만들 만큼의 재능은 없었다.

다시 말해 모든 일에 상위권일 수는 없다. 삶의 모든 측면에서 완벽을 잣대로 놓고 스스로를 비교한다면 자기 자신이나 자신의 단점을 계속해서 경멸하는 악순환에 빠지기 쉽다.

반대로 자기 통찰의 과정이 나의 긍정적 자질, 긍정적 능력만을 고려한다면 삶이 완벽할 수 있다고 믿어버릴 위험이 있다. 그리고 어쩌면 그 완벽을 달성하려고 이미 열심히 노력 중일 수도 있다. 그러나 우리는 항상 아름다울 수만은 없다. 늘 가장 잘 아는 사람일 수는 없다. 매일 하루도 빼놓지 않고 자녀에게 세상에서 가장 영양가 있는 것들만 먹이는 부모가 될 수는 없다. 1년 365일 이 사회에서 가장 헌신적이고 양심적인 시민일 수는 없다. 그리고 당연히 매 순간 모든 사람의 모든 것이 되어줄 수는 없다. 그러나 우리가 끊임없이 스스로에게, 그리고 서로에게, 내가 얼마나 훌륭하고 영리한지 계속 상기시킨다면 우리는 서로의 자신감을 부풀리게 된다. 그러면 삶을 쪼개는 것 같은 불가능한 일을 실제로 믿게 될 뿐만 아니라 내가 상위권에 있다고 믿기 시작한다. 반대로 우리가 끊임없이 나의 능력을 의심하고 나 자신에게 자기 경멸을 주입한다면 우리는 실제로 모든 사람이 모든 일에서 나보다 위에 있다고 믿기 시작한다.

건강한 자기 인식으로 가는 길은 한 걸음, 한 걸음이 모두 정직해야 한다. 건강한 자기 통찰을 키우려면 내 주변에 나를 있는 그대로 보아줄 사람들이 있어야 한다. 자기 통찰이 정직하지 못하면 기초가 불안정해지고 그 위에 쌓아올린 자기 인식은 왜곡될 수밖에 없다. 우리가 다 함께 전혀 존재하지 않는 통찰 혹은 크게 과장된 통찰을 인정하고 긍정한다면, 심리적으로나 실존적으로나 우리는 나 자신에게 자기 미화 내지는 자기 경멸을 주입하는 셈이 된다.

사회심리학에서 널리 인정되는 더닝 크루거 효과Dunning-Kruger effect[29]라는 것이 있다. 주어진 분야에서 능력이나 지식이 부족한 사람이 끊임없이 자신의 능력을 크게 과대평가하는 현상이다. 이들은 아는 것이 부족하기 때문에 자신이 얼마나 모르는지조차 제대로 인식하지 못한다. 우리는 종종 아무 근거 없이 나의 지식이 폭넓다고, 나의 태도가 옳다고 굳게 믿는다. 우리는 또 한결같이 나의 이해나 선택을 뒷받침해주는 사실들이 그렇지 않은 사실들보다 더 믿을 만하다고 생각하는 확증 편향에 취약하다.

건강한 자기 인식에 이르기 위해서는 자기 통찰이 자신감과 자기 의심을 모두 망라해야 한다. 나의 긍정적 자질뿐만 아니라 틀림없이 가지고 있을 나의 덜 바람직한 특징들까지 알려고 해야 한다. 나의 밝고 빛나는 면들을 기억할 때처럼 기꺼이 나의 어둡고 수치스러운 특징들까지 직시할 용기를 냈을 때에만 완전한 한 인간으로서의 나 자신을 온전히 깨달을 수 있다. 만약 우리가 한 가지 유형의 통찰만을 키운다면 나는 천재라거나 혹은 쓸모없다거나 둘 중 하나에 대한 믿음만을 기하급수적으로 끝없이 가속화할 위험이 있다. 어느 경우에나 결과는 같을 것이다. '외로움.' 자신감은 쉽게 자기중심주의로 변질될 수 있고, 자기 경멸은 쉽게 자기 파괴에 이를 수 있다. 두 가지 모두 궁극적으로는 나를 고립시킬 것이다. 둘 중 하나의 방향으로 한 발을 뗄 때마다 진정한 자기 인식으로 돌아가는 길은 멀고 험해질 것이며, 자기 존중-자기 가치 사다리의 다음 단에는 결코 이를 수 없을 것이다.

나의 자기 인식에 정직한 의견을 줄 수 있고 자신감과 자기 의심 사이에서 내가 건강한 균형점을 찾을 수 있게 도와줄 사람들로 내 주위를 채우는 것이 절대적으로 필요하다.

# 자기 인식이 자기 가치를 만든다

2007년 3월 28일 스물아홉 살의 골키퍼 로베르트 엔케Robert Enke는 마침내 독일 국가 대표로서 데뷔 무대를 가졌다. 덴마크와의 친선 경기였다. 어린 시절부터 엔케는 골키퍼로서 재능을 뚜렷이 보였다. 허들 경기 선수로서 성공한 아버지와 핸드볼 선수였던 어머니를 둔 엔케는 운동 선수로서 엘리트 코스를 밟았다. 열다섯 살 때부터 청소년 국가 대표를 지냈고 스무 살에는 독일의 전국 리그인 분데스리가에 데뷔했다. 엔케는 벤피카나 바르셀로나 같은 해외 유명 클럽에서 뛰며 성공을 거두기도 했고, 독일로 돌아와서는 하노버 96의 골키퍼가 되어 나중에는 주장을 지냈다. 2004-2005 시즌과 2008-2009 시즌에는 다른 클럽 선수들이 뽑은 리그 최고의 골키퍼로 선정됐다. 그는 의심의 여지 없이 당대 최고의 재능을 가진 골키퍼 중 한 사람이었고, 아스날이나 맨체스터 유나이티드, 아틀레티코 마드리드 같은 세계 최고 클럽들의 관심을 끌기도 했다.

2010 월드컵을 준비하던 엔케는 마침내 국가 대표팀의 1번 선수가 될 기회를 보았다. 가장 큰 무대에서 마침내 그의 전기가 마련되는 듯했다. 그러나 이는 현실이 되지 못했다.

2009년 11월 8일 서른두 살이었던 로베르트 엔케는 5만 관중 앞에서 홈경기를 가졌다. 마지막 순간 골을 넣어 무승부를 기록한 그의 팀은 홈 관중들의 환호를 받으며 경기장을 떠났다. 이틀 뒤인

2009년 11월 10일 평소와 다름없이 오전 훈련을 마친 엔케가 오후 훈련에 나타나지 않았다. 그날 저녁 팀원들과 팬들, 전 세계 미디어는 엔케가 달리는 고속 열차에 몸을 던져 자살했다는 충격적인 소식을 들었다.

로베르트 엔케에 관해 대부분 사람이 몰랐던 사실은 그에게 불안장애가 있었다는 점이다. 그는 2003년과 2009년, 이렇게 두 번 우울증 진단을 받았다. 2003년 바르셀로나에서 방출된 엔케는 실패에 대한 병적 공포가 생겼다. 그는 아주 조용히 치료책을 찾았고 느리긴 했지만 분명히 공포증을 벗어난 듯했다. 적어도 처음에는 그랬다. 하지만 3년 후 상상하기조차 힘든 비극이 그의 삶을 찾아왔다. 두 살배기 딸이 선천성 심장병으로 숨진 것이다. 그러나 이때도 엔케는 우울증을 어떻게든 잠재웠다. 그런데 손 부상을 당하자 우울증이 되살아났다. 그러던 2009년 11월 끝내 밝혀지지 않은 이유로 그는 우울증이 재발했고 그만 목숨을 끊고 말았다.

여기서 중요한 것은 엔케가 목숨을 끊은 이유가 무엇인가 하는 점이 아니다. 중요한 것은 당대에 가장 재능 있는 선수 중 한 명으로 누구도 부인할 수 없는 대단한 능력을 가진 사람조차 더 이상 살 가치가 없다고 생각할 만큼, 스스로 느끼는 자기 가치는 지독하게 낮을 수도 있다는 사실이다. 통계적으로 보면 그는 아직도 인생의 3분의 2가 남아 있었고, 그 기간 동안 소득도 상위권이었을 것이다.

자신감과 자기 의심은 나의 행동과 관련되지만 중요한 것은 내가 시간을 들인 그것을 과연 얼마만큼 마스터했다고 느끼느냐 하는 점이다. 내가 하는 일에 대한 나의 신념이라든가, 원하는 결과를 달성할 수 있는 나의 능력과는 별개로 말이다. 자신감이나 자기 의심은 부모나 선생님, 동료, 관리자 등 주변의 영향을 크게 받는다. 자신감은 나의 마지막 성적으로 결정되는 경우가 많다는 점에서 어찌 보면 공허한 개념이다. 살면서 얼마만큼의 자신감을 축적했느냐는 중요하지 않다. 내 능력이나 개성이 의심받는 순간 우리는 다시 자신감을 상실할 것이기 때문이다.

완벽한 인간은 아직까지 지구를 밟은 적이 없다는 사실을 감안하면 우리 중에 난관을 만나지 않고 인생을 마칠 사람은 아무도 없다. 특히나 스포츠 세계, 그중에서도 골키퍼의 세계라면 말할 것도 없다. 골키퍼는 중요한 한순간의 실수가 성패를 가를 뿐만 아니라 자신을 영웅이 되게도 하고 악마로 만들기도 한다. 골키퍼는 한순간에 커리어 전체가 결정 난다. 그러니 자기 가치가 더할 나위 없이 중요한 직업일 수밖에 없다.

자신감은 우리의 행동 및 결과와 관련되는 반면, 자기 가치는 나의 정체성에 뿌리를 둔다. 내가 인간으로서 기본적 가치를 갖고 있다는 경험이 자기 가치를 만들어낸다. 일단 자기 통찰을 통해 자기 인식이 생기고 나면 자기 가치가 끊임없이 나의 가치를 일깨워준다. 지금 내 자신감의 수준과는 무관하게 말이다. 누구나 경험하는 실패의 순간(이별, 실직 등등)에 내가 느끼는 나의 본질적 가치가 얼마나 충격을 받을 것이냐 하는 점은 자기 가치가 조절한다. 자기 가치가 없으면 인생의 이 중요한 역할을 자신감한테 미룰 수밖에 없는데, 자신감이란 바로 직전에 있었던 일이나 내가 마지막으로 한 행동만을 고려하기 때문에 지극히 부서지기 쉽다.

이렇게 되는 이유는 자신감이 곧 자기 가치로 이어지지는 않기 때문이다. 이미 직업적 재능을 명백히 인정을 받았더라도 그것 때문에 내가 충분히 가치 있는 사람이라고 느끼게 되지는 않는다. 사람들이 자기 자신과 자신의 삶을 충분히 존중하는 나머지, 자살하기에는 내 삶이 너무 가치 있다거나 내가 찾는 의미를 발견하는 데 방해가 되는 활동을 하기에는 내 삶이 너무 아깝다고 생각하게 만들어주는 것은 자신감이 아니다. 삶에 의미를 부여해주는 것은 내가 가진 기술이나 직업적 능력, 자질에 대한 자신감이 아니다. 만약에 그랬다면 능숙한 기술을 가진 개인은 더 높은 수준의 자기 가치를 느끼고 삶의 의미를 찾았을 것이다.

자살은 누군가의 자기 가치가 낮다는 사실을 가장 극명하게 보여주는 사례인 경우가 많다. 세상 어딘가에서 40초마다(1년에 80만 명) 누군가 자살을 저지른다는 사실은 생각만 해도 끔찍한 일이다.[30] 그런데 더욱 정신이 번쩍 드는 사실은 자살에 성공한 사람이 1명이라면 자살을 시도했다가 실패한 사람은 9명이고 자살을 고민해보는 사람은 그보다 훨씬 더 많다는 사실이다. 매일매일 아슬아슬하게 벼랑 끝을 걷고 있는 수많은 다른 사람은 말할 것도 없다. 이들 역시 그 원인은 직업적으로 성공하지 못했거나 자신의 기술적 능력을 인정받지 못해서가 아니다. 우리의 교육 체계와 노동 시장은 각종 상징이나 학점, 직책명 같은 것들을 끊임없이 상으로 주면서 우리가 정말로 무언가를 잘한다고 확인시키며 자신감을 유지시키려고 한다.

그 결과 교육 체계 전반에 '실수 제로' 문화가 뿌리를 내렸고, 우리는 내 가치를 나의 성과와 너무 밀접히 연결 짓게 됐다. 나의 가치 혹은 무가치는 오로지 결과에 달린 것이 됐다. 우리는 또 직업 세계에서는 자신감이나 완전무결, 높은 점수가 자기 가치나 자기 인식, 개성보다 더 큰 보상을 받는다는 사실을 알고 있다. 그래서 후자보다는 전자에 더 집중적으로 초점을 맞춘다. 그게 더 큰 결과, 더 시장에 내놓을 수 있는 결과를 만들어내기 때문이다.

만약 우리가 자신감이 아니라 자기 가치에 보상을 준다면 어떨까? 그렇다면 지금 수학과 문법을 맹렬히 배우는 것만큼이나 자기 자신을 아는 데 관심을 가지는 새로운 세대가 출현할 것이다. 자기 존중의 사다리에서 첫 번째 단은 자기 통찰이다. 그러나 자기 통찰이 정직함에 기초하지 않는 이상 우리는 절대로 그 한 단을 오르지 못할 것이다. 정직해지는 데는 시간이 걸린다. 하지만 단기적 이익에만 관심을 갖는 이 경제는 사람들에게 우선 자신감부터 잔뜩 주입한다. 그리고 주변의 다른 사람들처럼 무한 경쟁으로 직행해 이리 뛰고 저리 뛰게 만든다. 우리가 그토록 열심히 쫓아다니던 성장이 만들어낸 부의 상당 부분은 점점 더 늘어나는 환자들, 즉 스트레스와 불안, 우울증, 외로움 혹은 생활 방식과 연계된 기타 질병으로 고통받는 사람들의 치료비를 대는 데 사용될 것이다. 모두 성장에 대한 우리의 안달이 만들어낸 병이다.

모든 것은 아폴론 신전의 벽에 쓰인 글귀와 함께 시작한다. 나 자신에 대한 충분한 성찰이 있어야만 내가 어떤 사람이고 어떤 사람은 아닌지 알 수 있다. 나의 장단점을 알고 나면 자신감도, 자기 경멸도 힘을 쓸 수 없다. 나의 가치는 나의 가장 최근 성공이나 실패에 달린 것이 아니라 '나'라는 존재의 총합으로 결정된다.

우리는 하나의 시간 속에 하나의 삶을 사는 한 명의 사람이다. 단 한 번의 실수로 카드로 쌓은 집이 와르르 무너지게 해서는 안 된다. 그 집의 토대를 자신감이나 자기 의심처럼 부서지기 쉬운 것으로 만들어서도 안 된다. 자기 통찰은 자기 인식에 이르게 하고, 자기 인식은 자기 가치로 이어진다.

나 자신에 관한 이런 지식과 그것이 만들어주는 자기 가치를 어떻게 활용해야 완벽을 요구하는 세상과의 매일 같은 만남에서 생기는 마찰을 견딜 수 있을까? 삶은 하나의 전체로서, 쪼갤 수 없는 것으로 여겨야 하고 또 그렇게 살아야 한다는 사실을 인정한다면, 어떻게 해야 나의 모든 역할과 책임 분야에서 나의 목적과 내가 실제로 사는 삶이 일치할 수 있을까? 다시 말해 죽기 직전 내 삶과 커리어를 돌아보았을 때 자부심을 느끼려면 어떻게 해야 할까? 자기 통찰, 자기 인식, 자기 가치만으로는 충분하지 않다. 이것들을 사용해 매일매일 우리가 하는 모든 일에서 자기 존중을 실천해야 한다.

## 자기 가치가 자기 존중을 낳는다

자기 통찰은 자기 인식을 낳고, 자기 인식은 자기 가치를 만들며, 이는 자기 존중으로 이어진다. 의미 있는 삶으로 가는 길을 찾고 싶다면 우리는 매일같이 이 사다리를 올라야 한다. 내가 누구인지 알고 가치 있는 존재임을 인식하는 것만으로는 충분하지 않다. 그 지식과 인식을 일상의 시도와 시련 속에서 자기 존중과 함께 활용해야 한다. 자기 가치가 자기 존중이 되기 위해서는 내가 할 수 있는 것과 없는 것에 관한 지식 및 내가 누구이고 누구는 아닌지에 대한 인식을 바탕으로 행동해야 하는데 이는 쉬운 일이 아니다.

예를 들어 디너 파티에 초대를 받았는데 이 파티가 나의 귀중한 시간을 의미 있게 사용하는 방식이 아닌 것 같을 때 우리는 어떤 반응을 보일까? 약속이 겹쳤다거나 배우자의 허락을 못 받았다는 등 한심한 핑곗거리를 지어내거나, 아니면 거절에 대한 상대의 반응이 두려워서 내키지 않으면서도 초대에 응할 것이다. 물론 뜻밖에 즐거운 시간을 보내게 될 수도 있다. 하지만 전체 요리를 반쯤 먹기도 전에 인사말은 다 떨어지고 자리를 뜰 수도 없어 후회가 확 밀려왔던 적이 얼마나 많은가? 어색하게 안절부절 자꾸 시계만 쳐다보며 과연 몇 시쯤 자리를 떠야 예의에 어긋나지 않을까 고민했을 것이다. 마침내 그 자리에서 풀려날 때까지 계속해서 긴장감만 쌓였을 것이다. 날아갈 듯 그 자리를 빠져나와 집으로 달려왔을 때는 소파에 몸을 던지며 예의라는 갑갑한 죄수복에서 해방된 기분을 만끽했을 것이다.

일을 할 때도 마찬가지다. 제대로 계획을 세우지 않은 지루하고 비생산적인 회의에서 시간을 보내도록 스스로를 내버려둔 적이 얼마나 많은가? 나의 에너지를 고갈시키고 시간을 낭비시키는 사람이나 업무에 둘러싸여 있으면서도 아무 말 하지 않았던 적은 얼마나 많은가? 〈하버드 비즈니스 리뷰〉에 따르면 70퍼센트가 넘는 사람들이 회의를 비생산적이고 비효율적이라고 생각한다고 한다.[31] 그러나 아무짝에도 도움이 되지 않을 그 회의를 취소하거나 회의실을 떠날 만큼의 자기 존중을 가진 사람이 우리 중에 몇 명이나 될까?

우리가 사는 세상은 자기 존중을 가지고 처신하는 사람들에게 녹록지 않다. 예를 들어 누가 도중에 손을 떼버리면 우리는 어떤 반응을 보이는가? 그 사람의 용기에 감사하는가? 자기 자신을 안다고, 자신의 욕구와 한계를 안다고 칭찬하는가? 그런 경우는 거의 없다. 은근히 압박을 주거나 냉소적으로 거리를 두는 것이 일반적이다. 누군가 그 시간에 다른 일을 하는 편이 낫겠다고 말한다면 우리가 하는 일이 흥미롭지 않거나 혹은 우리가 정말로 다른 일을 해야 한다는 힌트일지도 모른다. 누군가 내 삶이 과연 그 잠재적 가능성을 모두 발휘한 것만큼의 실존적 의미를 갖고 있느냐고 묻는 것은 아프게 다가온다. 이 점은 상당한 비용을 치르고 커리어의 사다리를 올라간 사람일수록 더하다.

종종 크게 성공할수록 그처럼 힘든 세월을 견뎌내고 얻은 고참이라는 지위를 잃을까 하는 두려움도 함께 커지는 경우가 많다. 성공은 더 큰 성공에 대한 욕구를 낳는다. 모두 한 방향을 따르게 만들려면 중간에 손을 떼는 사람은 배제하거나 깎아내려야 한다. 그러나 고참이라는 사실은 자기 존중에 있어서 아무런 가치를 갖지 못한다. 고참이라는 사실은 내가 무언가를 얼마나 오래 견뎠는지 알려줄 뿐, 그렇게 견딘 세월이 의미 있는지 어떤지 여부를 알려주지는 않는다. 궁극적으로 우리를 규정하는 것은 내 행동의 총합이다. 내가 누구인지에 대한 지식과 내가 매일 하는 일이라는 현실 사이의 거리를 최소화하려면 자기 존중이 필요하다.

우리는 하나의 시간 속에 하나의 삶을 사는 한 명의 사람이다. 그 하나의 삶은 금세 흘러가버리고, 시간은 어디에나 똑같이 적용된다. 내가 시간을 어디에 낭비했든, 낭비한 시간도 다른 시간과 똑같은 시간이다. 하찮은 회의에 한 시간을 낭비한다는 것은 모래시계의 모래가 그만큼 줄어든다는 뜻이고, 내가 원하는 삶을 실현할 시간이 그만큼 줄어든다는 뜻이다. 내가 누구인지 알고 그것을 당당하게 생각한다면 늘 나 자신을 충분히 존중해야 하고 하나뿐인 내 삶을 더 이상 필요 이상으로 낭비하는 것은 내버려두지 않아야 한다. 또한 내가 마주치는 다른 모든 삶도 똑같은 정도의 존중으로 대해야 한다. 자기 존중에 기초해서 중도 하차를 선택한 사람이 있을 때 그 사람을 평가질하기보다는 그 사람에게 호기심을 가진다면 그가 정말로 누구인지 알아낼 기회가 생길 것이다. 이는 또한 우리가 삶의 일부를 함께 보낼 만큼 삶의 목적을 공유하고 있는지 최대한 빠르고 정직하게 알아낼 수 있는 훌륭한 지름길이기도 하다.

자기 존중의 사다리를 매일같이 올랐던 사람은 자신감이라는 번지르르한 커리어의 기둥을 오르는 데 시간을 바쳤던 사람보다는 죽음 앞에서 삶을 후회할 가능성이 적을 것이다.


## 의미: 실존적 면역 시스템

폴 토머스 앤더슨Paul Thomas Anderson의 영화 〈매그놀리아Magnolia〉는 이렇게 시작한다. 열일곱 살의 시드니 배린저는 9층 아파트 건물에서 뛰어내리며 자살을 시도한다. 주머니에는 유서가 들어 있다. 그의 계획에 따르면 중력의 법칙이 그의 몸과 보도블록의 갑작스런 만남을 주선하고 나면 이 유서가 그의 행동 뒤에 숨은 의도를 틀림없이 밝혀줄 것이다. 시드니가 잘 모르고 있는 사실은 며칠 전 건물 외벽에서 창문 청소를 할 사람들을 위해 1층에 안전 그물망을 설치해놓았다는 사실이다.

추락 과정에서 시드니가 복부에 총을 맞지만 않았다면 그물망이 추락을 막아 그의 목숨을 구해줬을 것이다. 하지만 시드니가 옥상 난간에 서 있을 당시 세 층 아래에서는 극적인 장면이 펼쳐지고 있었다. 이웃들은 이 부부가 서로 고함을 지르고 호통을 치는 데 익숙했다. 두 부부는 흔히 엽총과 권총을 들고 상대를 위협했지만, 위협을 실행한 적은 한 번도 없었다. 그런데 이날따라 아내가 남편을 위협하는 과정에서 실수로 총이 발사됐다. 총알은 남편을 맞히지는 않았으나 창문을 빠져나가면서 때마침 부부의 창문 옆으로 추락 중이던 시드니 배린저를 맞히고 말았다. 치명상이었다. 안전 그물이 해준 일이라고는 시에서 대대적인 도로 청소 작업을 하지 않아도 되게 만들어준 게 전부였다.

나중에 경찰이 마침내 두 사건 사이의 연결점을 찾아내고 나서야 부부는 이 끔찍하고 복잡한 소식과 직면하게 됐다. 두 사람 모두 총에 총알을 장전한 사실을 부인했다. 그리고 서로를 위협하려고만 했을 뿐 아무 짓도 할 의도가 없었다고 주장했다. 알고 보니 총알을 장전한 사람은 두 부부가 아니라 그들의 10대 아들이었다. 부모의 끝없는 불화에 지친 아들은 총알을 장전해서 부부 중 한 사람이 다른 사람을 죽이게 하는 것 말고는 다른 해결책이 없다고 생각했다.

총을 쏜 아내가 모르고 있었던 사실은 그날 아들이 그들이 사는 건물 꼭대기에서 몸을 던져 자살을 하기로 결심했다는 점이었다.

페이에 배린저는 아들 시드니를 살해한 혐의로 기소되었다. 계획과는 좀 달랐지만 기이하게도 시드니는 자신의 죽음에 직접적으로 기여한 셈이 됐다. 시드니의 자살 시도는 실패할 수도 있었지만 결과적으로 그는 자살에 성공했다.

시드니 배린저의 운명은 우리 모두가 공유하는 두 가지 상황에 대한 진실을 반영한다. 물론 자살이나 부모의 폭력이 너무나 많은 이들의 삶을 망쳐놓는 것은 사실이지만, 다행히도 대부분 사람에게는 해당되지 않는 이야기이므로 여기서 말하는 공통분모는 아니다.

우리가 공유하는 첫 번째 진실은 우리 모두가 죽는다는 사실이다. 우리는 가끔 이에 관해 얘기를 나누기도 하지만 자주 꺼내는 주제는 아니다. 그리고 보통은 운명을 시험하지 말자고, 서로를 응원하는 어색한 농담으로 대화를 마무리하곤 한다. 그런데 때로는 병이나 사고 등으로 어쩔 수 없이 삶이 유한하다는 사실을 인식할 때가 있다. 이 경우 우리는 흔히 새로운 관점과 방향, 우선순위를 얻는다. 삶에도 끝이 있다는 사실을 새삼 깨닫는 계기가 된다.

누구도 피해갈 수 없는, 그러나 보통은 대화를 나누거나 건드리지 않는 두 번째 진실은 우리가 아무리 멋지고 잘 교육받은 삶을 아무리 오랫동안 이미 살았거나 혹은 앞두고 있더라도, 삶이 예측 불가능하다는 사실이다. 아무리 열심히 공부를 하고, 짜임새 있게 살고, 계획을 잘 세우고, 준비를 하고, 시간 약속을 잘 지키더라도 상관없다. 우리는 부모를 골라 태어날 수 없고 따라서 내 존재의 출발점과 배경이 될 사회, 경제적 혹은 지리적 환경을 선택할 수 없다. 예측 불가능성은 아무도 피해갈 수 없다. 나 자신에게 아무리 테플론 코팅을 해도 마찬가지다. 삶이 예측 불가능하다는 사실은 스트레스를 받을 가능성이 어느 정도 있다는 뜻도 된다. 그런데 우리는 공부를 하면 혹은 더 열심히 노력하면 예측 불가능성을 사라지게 만들 수 있다고 믿는 경향이 있다. 하지만 훈련을 하고 노력한다고 해서 예측 불가능성이 사라질 수는 없다. 이는 살면서 피할 수 없는 일이다. 예측 불가능성을 줄일 수는 있겠으나 절대로 완전히 없앨 수는 없다. 그렇다면 휙휙 지나가는 예측 불가능한 삶에서 위험을 최소화할 수 있는 방법은 뭘까? 삶의 우연에 가장 잘 대처할 수 있는 준비가 된 사람들은 자기 자신을 알고 또 존중하는 사람이다. 내일 무슨 일이 일어날지는 알 수 없지만 나 자신을 충분히 잘 알고 있다면 삶이 나에게 무엇을 던지든 내가 원하는 것과 원하지 않는 것, 할 수 있는 것과 없는 것을 알 수 있다.

요즘 생물학적, 경제학적 면역 시스템에 엄청난 관심이 집중되고 있다. 건강과 부는 장수하며 안락한 삶을 살 수 있는 수단으로 여겨진다. 그러나 앞서 말했듯이 이런 태도를 갖고 있는 동안 우리의 실존적 건강은 오히려 악화되었다. 그렇다면 우리는 어떻게 해야 장수하고 경제적 여유도 누리면서 동시에 나와 남들이 받아들일 만한 삶을 살 수 있을까? 어떻게 해야 그런 삶을 살기 위한 실존적 면역 시스템을 구축할 수 있을까?

그렇다면 우리는 다시 '훌륭함'에 대한 논의로 되돌아가야 한다. 삶에는 끝이 있고 거기까지 이르는 길은 예측 불가능하다는 사실을 인정한다면, 행복이란 예측 불가능성을 잘 헤치고 나왔을 때 느끼는 어떤 것이 된다. 나의 운명이 긍정적이든, 부정적이든, 운명 자체가 내가 훌륭한 삶을 살지 어떨지를 결정해서는 안 된다. 어차피 우리는 오락가락하는 운명을 통제할 수 없기 때문이다. 우리가 통제할 수 있는 것은 삶의 예측 불가능성 앞에서 내가 어떻게 대처할 것인가 하는 점뿐이다. 그래서 필요한 것이 '의미'다. 의미는 우리에게 실존적 면역 시스템 같은 역할을 한다. 의미는 우리가 압박을 받거나 슬픔에 잠겼을 때, 삶이 내리막일 때 반드시 발생하는 스트레스를 견뎌내고 대처할 수 있게 해준다. 우리가 기쁨이나 행복을 누릴 때에도 의미는 삶이 오르막일 때 반드시 발생하는 환희에 대처하게 해줄 뿐만 아니라 나의 자기 인식을 유지하게 해준다. 왜냐하면 우리는 그 환희가 반드시 삶의 예측 불가능성 그 자체와 연관되는 것은 아니라는 사실을 알기 때문이다.

자기 통찰은 자기 인식을 낳고, 자기 인식은 자기 가치를 만들며, 이는 자기 존중으로 이어진다. 우리는 나 자신과 타인들이 매일 이 사다리를 오를 수 있게 도와야 한다. 삶의 목표는 만족도, 행복도 아니다. 왜냐하면 문명을 이끄는 원칙으로서 만족이나 행복은 우리가 가야 할 곳으로 데려다준 적이 없기 때문이다. 우리는 최대한 자주 내가 사는 하나의 삶에서 깊은 의미를 구해야 한다.

의미는 우리에게 실존적 면역 시스템 같은 역할을 한다.

의미는 우리가 압박을 받거나 슬픔에 잠겼을 때, 삶이 내리막일 때 반드시 발생하는 스트레스를 견뎌내고 대처할 수 있게 해준다.

우리가 기쁨이나 행복을 누릴 때에도 의미는 삶이 오르막일 때 반드시 발생하는 환희에 대처하게 해줄 뿐만 아니라 나의 자기 인식을 유지하게 해준다.

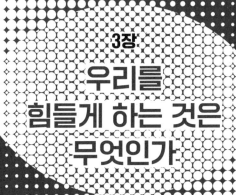

3장.

우리를
힘들게 하는 것은
무엇인가

현대인의 실존적 면역 시스템에 가장 큰 위협이 되는 것은 뭘까? 우리가 필요로 하는 삶의 의미를 경험하지 못하게 막고 있는 것은 뭘까? 시간을 기준으로 보든 또는 영향력 측면을 보든 우리가 가장 먼저 답을 찾아보아야 할 곳은 '일'이다. 산술적으로 따져보면 삶에서 일에 쓰는 부분을 최적화하는 것이 가장 큰 효과가 있을 것이다. 일은 우리가 가장 많은 시간을 투자하는 곳일 뿐만 아니라 삶의 나머지 부분에 근본적으로 영향을 미치며 무의미하다는 기분의 상당 부분을 만들어내는 근원이기 때문이다. 너무나 많은 경우에 일은 스트레스와 불안, 우울증, 외로움을 만들어내고 가속한다.

　그 원인의 상당 부분은 자신에게나 직원들에게나 일의 어떤 부분이 의미가 있는지 명확히 하지 못하거나 그저 의미가 연봉의 기초가 되는 핵심 성과 지표가 아니라는 이유로 신경조차 쓰지 않았던 관리자들의 탓으로 돌려야 한다. 덴마크의 어느 연구를 보면 직장을 그만두는 사람의 절반 이상이 그 주된 이유로 경영진이 엉망이라는 점을 꼽는다.[32] 육체적, 정신적으로 매일 우리를 옭죄는 구조나 체계도 직원들이 떠나는 주된 이유 중 하나다. 세 명 중 한 명은 심리적 업무 환경이 열악하다고 말한다. 낮은 임금이나 긴 업무 시간보다 이 부분을 언급한 사람이 더 많았다.

그렇다면 그토록 많은 관리자가 직원에게 스트레스나 불안, 우울증, 외로움을 유발할 만큼 자기 일을 제대로 하지 못하는 이유는 뭘까? 어쩌다가 우리는 더 매력적인 직장이 있어서 그 유혹에 넘어가는 게 아니라 그저 지금 직장을 탈출하기 위해 회사를 그만두는 사람이 더 많은 지경이 됐을까? 직장 때문에 의욕이 꺾이고 정신 건강이 나빠지는 사람들이 너무나 많다. 관리 구조 전반에 대한 깊이 있는 점검이 필요하다.

일이 건강과 행복에 그토록 큰 영향을 주는 게 놀랄 일은 아니다. 매일 우리가 저울에 올려지고 측정을 당하는 곳이 주로 직장이기 때문이다. 인사 고과, 연봉, 승진이 자신감(칭찬과 인정을 받을 때)이나 자기 의심(그렇지 못할 때)의 근원이 되는 경우가 많다. 자기 의심의 길로 굴러떨어질 때는 질책이나 비난조차 필요하지 않다. 우리는 워낙 자신감을 주입받은 상태여서 잠깐만 인정받지 못해도 자기 가치에 흠집을 내기에 충분하다.

피드백이 없으면 우리는 심란한 질문들로 그 침묵을 메운다. "내가 제대로 못해내고 있나? 곧 잘리는 건가?" 혹은 실존적 면역 시스템이 충분히 튼튼하지 못해서 최근의 인사 고과나 연봉과는 상관없이 나는 본질적 가치를 갖고 있다는 사실을 기억해내지 못할 때도 마찬가지다.

우리가 가족에게 지난 석 달간의 내 실적을 1에서 5 사이의 점수로 매겨달라고 하는 경우가 얼마나 될까? 부모님이 나를 따로 불러서 부모님이 정해둔 목표 대비 진척도를 평가하는 경우는 얼마나 될까? 친한 친구와 마주 앉아 친구 관계의 승급이나 강등이 필요한지 찬찬히 조사해보는 경우는 얼마나 될까? 이혼하면서 공식 이별 인터뷰를 나누고 새로운 만남을 주선하는 경우가 흔할까? 배우자를 고르면서 대학 평점을 요구하거나 성격 프로필을 작성했던 사람이 과연 있을까? 아마 없을 것이다. 그럼에도 직장에서는 이런 수단들이 일상적인 일, 거의 매일 벌어지는 일이다.

직장에서 우리는 지독히 정밀한 방식으로, 게다가 광적으로 자주 성과를 측정하고 평가한다. 그러나 일상생활에서 그런 경우는 거의 없다. 직장에서 내가 얼마나 잘 해내고 있는지보다는 삶에서 내가 얼마나 잘 해내고 있는지를 더 체계적이고 진지하게 점검해야 하는 것 아닐까? 과연 어느 쪽이 더 중요한가? 직장에서 인정받고 성공하는 것인가, 아니면 사랑하며 의미 있는 삶을 사는 것인가? 아직 병원에 가서 진단을 받아보지 못한 워커홀릭을 제외한다면, 아마도 누구나 (현명하게) 후자라고 말할 것이다.

삶의 복잡성을 인정하고 나면 두 가지 핵심적인 질문이 제기된다. 첫째, 내 마음의 큰 부분을 차지하면서 나의 자기 평가의 토대가 되어야 하는 것은 의미와 사랑이 아닐까? 둘째, 일을 평가할 때는 삶에서 의미와 사랑을 찾는 데 얼마나 도움이 되는가가 기준이 되어야 하지 않을까? 일이 삶의 목적에 관해 더 많은 것을 배우는 데 도움이 되는가? 일이 자기 통찰과 자기 인식의 수준을 높여주는가? 우리는 동료들을 위해 의미를 창출하는 데 얼마나 능한가? 우리의 실존적 면역 시스템이 얼마나 튼튼한지를 측정하는 데는 그 어떤 업무 평가나 인사 고과보다 이런 유형의 질문이 훨씬 더 중요한 지표다. 이들 질문은 소위 '창의적인 일을 하는 사람들'에게만 해당되는 것이 아니다. 생산직 직원이든, 사무실 직원이든, 대학원생이든, 의미 있는 삶을 살기 위해 분투할 권리는 똑같이 가지고 있다.

그러나 일이 아무리 많은 시공간을 차지하고 우리 삶에서 틀림없이 실존적이고 친밀한 부분이더라도, 그와 관계없이 우리는 정반대를 사실이라고 믿게 됐다. 우리는 그냥 친밀함에 대한 희망을 줄이고 인간성을 제거하며 일이란 결코 실존적일 수도 친밀할 수도 없는 것이라는 생각 속에 우리를 붙잡아두는 언어를 발전시켰다. 우리는 일을 순전히 직업적이고 기술적으로 생각해야 한다고 배웠다. 이런 것들을 기준으로 우리가 평가를 받고 연봉이 정해지기 때문이다.

경영 이론이 만들어낸 언어 중에서 최근 가장 많이 쓰이는 단어 하나를 예로 들어보자. 바로 '인적 자원 경영'이라는 것이다. 이 개념은 20세기 중반 미국에서 시작됐다. 이때쯤부터 서서히 사람을 '자원'으로 재정의하기 시작했다. 원자재나 부동산, 유동 자산, 평판처럼 기업이 경쟁 우위를 획득하려면 확보해야 하는 자원 말이다. 미국에서 발명된 다른 수많은 혁신의 경우처럼 그 외 국가들은 이게 마치 세상에서 가장 자연스러운 것이라도 되는 양 열렬히 이 개념을 사용했다. 얼마나 열렬했던지 지금은 민간과 공공 부문을 막론하고 어지간한 조직이면 어디든 '인적 자원' 부서가 있다.

이렇게 전 세계가 인적 자원 경영을 수입한 의도는 좋았다. 그러나 이 용어의 말 그대로의 의미를 한번 생각해보라. 인간을 자원으로서 경영하겠다니. 사람이라는 자원이 다른 자원과 똑같은 방식으로 경영된다는 게 과연 무슨 뜻일까? 전통적으로 자원이란 경쟁 우위를 차지하기 위해 뽑아내서 실컷 쓰고 소비해서 없어지는 것이다. 에너지 자원을 얘기할 때는 그렇더라도 상관없다. 그러나 사람을 그저 용도에 맞게 실컷 사용할 무언가로 생각한다는 것은 뭔가 도덕적 기준이 잘못된 것이다. 인간을 자원으로 폄하한다는 것은 인간에게서 인간성을 제거하는 것이다. 다행히 우리는 인적 자원을 주로 'HR'이라는 약어로 사용하고 있다. 아마 무의식적으로 그처럼 비인간적으로 들리는 용어를 사용하는 비극적 아이러니를 무시하고 싶기 때문일 것이다.

HR 부서의 작업이 실제로 아무리 인간적이라 해도 많은 사람이 이런 용어를 그처럼 무분별하게 퍼뜨리고 다니는 것은 문제가 된다. 삶이 마치 자원처럼 취급된다면 우리가 오직 하나의 시간 속에 하나의 삶을 사는 한 명의 사람이라고 주장하기가 힘들어진다. 조직이 경쟁력을 가질 수 있게 우리의 몸과 시간과 지성을 일에 바치고, 기진맥진한 채로 퇴근해서 잠이 들고, 다음 날 또 일어나 생기도 거의 되찾지 못한 채 다시 이용당할 준비가 되라는 얘기를 계속해서 들을 때마다 우리가 우리 정체성에 테플론 코팅을 하는 것도 놀랄 일이 아니다.

원래는 자산에나 사용되어야 할 용어와 전략을 인간에게 사용하면 무슨 일이 벌어질까? 최악의 경우 치명적 결과를 초래할 수 있다. 2008년과 2009년 사이에 지금은 오렌지Orange로 사명이 변경된 프랑스텔레콤France Telecom의 직원 35명이 자살을 선택했다.[33] 노조 대표들은 회사의 광범위한 조직 개편 계획을 정면으로 비난했다. 이 회사의 많은 직원에게 업무나 일터가 강제로 대대적으로 바뀌는 것은 견디기 힘든 일이었다. 일부 직원들은 자신에게 가해진 이 참기 힘든 경영 조치에 종지부를 찍기 위해 자살을 선택했다. 리즈대학교의 한 연구원은 2005년에서 2015년 사이 3개 회사 직원들이 쓴 82개의 유서를 조사했다. 대부분 직원이 그런 결정을 내리게 된 주된 이유로 일을 꼽았다. 구조 조정과 부서 재배치는 계속해서 등장하는 주제였다.[34]

무생물인 자산이나 자원을 한 장소에서 다른 장소로 옮긴다면 여전히 본래의 쓸모와 생산성을 유지하는 데 큰 영향이 없을 것이다. 기계는 아무 문제 없이 여기저기로 옮겨서 사용할 수 있다. 하지만 사람은 그렇지 않다. 사람을 이동시키는 것은 그 사람의 정신을 비롯해 존재 전체를 옮기는 것이다. 사람은 기계보다 훨씬 더 깨지기 쉽다. 사람은 새로운 환경이나 새로운 책임, 동료, 목표, 기업 문화, 관리자가 주는 혼란에 민감하다. 인간은 편의대로 실컷 쓰면 되는 기술이나 기계가 아니다. 우리가 아무리 테플론으로 나 자신이나 서로를 코팅한다고 해도, 그 코팅 갑옷 아래에는 누군가가 나에게 견디라고 시킨 일을 생각하고 느끼고 기억하는 마음이 있다는 사실을 피할 수 없다.

## 워라밸은 답이 될 수 없다

2015년 영국에서 시행된 한 연구에서[35] 수만 명의 사람들에게 언제 건강과 행복 수준이 가장 높다고, 또는 낮다고 느끼는지 기록하게 했다. 그리고 자주 등장하는 40개의 활동을 정리했다. 최고 순위에는 섹스, 극장, 춤, 공연 등이 있었다. 어려울 것 없이 우리 삶에서 최고의 순간은 사랑하는 사람과 함께, 혹은 좋아하는 활동을 하며 보내는 시간이었다. 최하 순위에는 병으로 몸져누운 것 바로 위에 '일'

이 있었다. 청소 같은 집안일이나 줄 서서 기다리기, 청구서 납부하기 등이 모두 돈을 버는 일보다는 훨씬 큰 건강과 행복의 원천으로 여겨졌다. 사랑과 친밀함이 우리에게 가장 큰 기쁨을 주는 것은 놀랄 일이 아니지만, 출근하는 것보다 순위가 더 낮은 항목이 병에 걸리는 것밖에 없었다는 사실은 충격적이다.

사람들이 출근하고 최대한 생산적인 상태를 유지하는 것에 국가 경제가 달렸음을 이해하는 정치인이라면 모두가 경각심을 느껴야 할 사항이다. 문제는 '일자리 복지'만을 주문처럼 외워대는 것 말고는 아무것도 할 줄 모르는 정치 엘리트들이 사회를 짓누르고 있다는 사실이다. "직장이 당신에게 안 맞을 수도 있고 당신을 병들게 하거나 심지어 죽일 수도 있겠지만 그래도 힘을 내세요. 적어도 직장이 있으면 월급은 받잖아요."

알다시피 사람들은 자신이 하는 일이 의미 있다고 생각하면 임금 수준이 낮아도 기꺼이 일하려고 한다. 높은 임금은 사실상 의미 결여에 대한 일종의 보상인 경우가 많다. 보상이라는 개념의 유래가 되는 라틴어는 단순히 똑같이 취급하는 것을 넘어 손해를 만회해주는 것을 암시하는 단어다. 일 때문에 생기는 무의미함의 구렁텅이를 참아내라고 돈을 더 준다는 것은 무언가 근본적으로 잘못됐다. 오히려 일 자체를 더 면밀히 살피는 게 현명한 행동일 것이다. 우리는 어쩌다가 일이 처음부터 나쁜 것이라고 생각하게 됐을까? 우리는 왜 일이 아닌 삶의 다른 측면에서 만족이나 행복, 의미를 찾게 됐을까?

'워라밸'이라는 개념을 중심으로 한 시각은 삶이 쪼개질 수 있다는 생각을 포함하고 있다. 이는 논리적으로 불가능한 일이다. 따로 떼놓고 보았을 때 일이 스트레스와 불안, 우울함의 근원이라면, 그래서 일이 본질적으로 건강하지 못한 것이라면, 일과 삶 사이에 건강한 균형을 논하는 것 자체가 말이 되지 않는다. 그런 균형은 벌써 정의에서부터 절대로 건강할 수 없기 때문이다! 그리고 더욱 중요한 것은 우리 존재를 '일'과 '삶'으로 억지로 쪼개는 것이 실존적 시각에서 무의미한 일이라는 사실이다. '균형'이란 서로 대체할 수 있는 것들 사이의 평형이나 죽 이어진 양 끝 사이의 중간 지점을 뜻하는 말이어서 큰 그림을 이해하는 데는 아무 도움이 되지 않는다. 예를 들어 '삶'의 반대말이 '죽음'이라면 둘 사이의 균형을 논하는 것은 전혀 말이 되지 않는다. 살아 있는 죽은 존재란 소설 속 좀비나 뱀파이어뿐이다. 나머지 우리는 어차피 살아 있든지 죽든지 둘 중 하나밖에 못한다.

물론 일과 반대되는 것을 언어적 관점이 아니라 실용적 관점에서 생각한다면 이 구별이 좀 더 쉽게 이해된다. 어쨌거나 일을 죽음과 비슷하게 생각하는 것은 좀 지나치니까 말이다. 그렇다고 해도 '워라밸'이라는 개념이 우리 삶의 3분의 1을 나머지 3분의 2와 대치시킬 뿐만 아니라 그 3분의 1(즉 '일')을 불쾌한 것으로, 심지어 필요악으로 기정사실화한다는 사실은 그대로다. 그렇다면 우리에게는 두 가지 선택밖에 남지 않는다. (적어도 은퇴하거나 죽을 때까지) 스스로 만든 지옥에서 영원히 살아가든지, 아니면 노동 시장에서 이탈하는 수밖에 없다.

일 그 자체가 우리가 처한 고통의 근원이라는 결론으로 치닫기 전에, 일의 형태와 내용을 구체적으로 살펴보자. 예를 들어 다들 알다시피 사람들은 어느 일자리에 재택근무가 가능하면 그 일을 두 배는 더 즐거워한다.[36] 그렇다면 우리가 일하는 방식이나 일에 의미를 부여하는 방식, 스스로나 타인을 관리하는 방식을 살펴볼 필요가 있다. 그러면 문제는 일 자체가 아니라는 사실이 드러난다. 일과 관련된 스트레스나 우울함, 불안, 외로움은 일의 결과로 나타나는 불가피한 현상이 아니라, 일의 내용과 형식, 특히 내용에도 형식에도 의미가 결여되어 있기 때문일 가능성이 매우 높다는 것을 알 수 있다.

만약 일에 인간성이나 사랑, 친밀함 등이 전혀 들어 있지 않다면 당연히 일을 내 삶과 연결시키고 싶지 않을 것이다. 진짜 삶은 사적인 사람으로서 사적인 시간, 사적인 삶에서만 일어나고, 일은 일하는 사람으로서 업무 시간에 직장 생활에서만 일어난다고 해야 할 것이다. 테플론 코팅을 활용하는 편이 나의 지성과 정체성의 철저한 착취를 막는 현실적인 방법일 수는 있으나, 삶의 의미를 오직 일과 수면 사이에 있는 시간 동안만 추구할 수 있다면 삶에서 의미를 느끼기는 쉽지 않을 것이다. 그런데도 우리는 그냥 잠을 깨서 출근하기까지의 시간과 퇴근해서 잠들기 전까지의 시간 동안만 친밀함과 사랑을 경험하는 것으로 충분하다고 우리 자신과 남들을 속여왔다. 하지만 인간의 마음은 그런 식으로 작동하지 않는다. 그렇게 긴 시간 동안 친밀함을 느끼지 못하면서 삶이 여전히 의미 있기를 바랄 수는 없다.

우리는 깨어 있는 시간의 절반 동안 사랑에 대한 욕구를 유보해둘 수도, 그걸로 충분하다고 생각할 수도 없다. 그런데도 어찌된 노릇인지 일은 삶으로부터 벗어난 시간이 됐다. 일은 삶과 균형을 맞춰야 하는 무언가가 됐다. 일이 너무 많은 공간을 차지하는 것을 우리가 원하지 않기 때문이다. 일이 더 많은 공간을 차지할수록 내가 살 수 있는 삶은 더 줄어든다. 우리가 일을 삶과 대치하는 것처럼 말하는 이상, 삶을 일하는 시간과 여가 시간으로 나누는 게 현실적인 게 된다.

그러나 삶에서 중요한 것은 여러 가지 역할과 정체성 사이에 균형을 잡는 게 아니다. 중요한 것은 우리에게 주어진 쏜살같이 지나가는 단 하나의 삶에서 의미를 찾는 것이다. 삶을 돌아보았을 때 최소한의 후회가 남게 하는 것이다. 워라밸은 지금까지 고안된 개념 중에서 가장 위험한 개념 중 하나다. 삶을 나눌 수 있다고, 우리 자신을 나눌 수 있다고 우리를 속이려는 시도이기 때문이다.

# "나를 내버려두세요"

기업이 회사의 인적 자원을 기회만 있으면 착취하려고 하는 환경에서 평온과 고요, 어느 정도의 거리에 대한 욕구는 여러모로 불가피하다. 하지만 꼭 그런 식일 필요는 없다. 고용주가 썩 괜찮은 인간적인 경영 방식을 가지고 있다면(다행히 이런 경우가 많다) '사생활' 주변에 방어적 요새를 구축할 필요가 전혀 없다. 그러나 직장은 사랑을 주고받기 위해 조직된 장소가 아니다. 오히려 '인적 자원 경영'을 주고받는 곳이다. 그리고 우리는 인적 자원 경영을 줄이는 것이 절대적으로 필요하다.

우리는 인적 자원 경영을 쉴 필요가 있다. 조직이 사람을 착취할 자원이 아니라 잠재력이라는 관점에서 보게 되면 그 잠재력을 보호하고 실현할 도덕적 책임도 공유하기 시작한다. 이 공동의 책임을 신중하게 잘 경영한다면 직장에서도 삶을 위한 공간이 만들어져 평온과 균형에 대한 욕구도 완화될 것이다.

우리에게 적용되는 체계나 전략은 체계나 전략이고, 경영은 또 다른 문제다. 일에 관한 모든 논의는, 그리고 무엇이 그날그날 우리에게 동기를 부여하고 기쁨과 의미를 주는가에 관한 모든 논의는 보통 직속 관리자와 가장 먼저 연결된다. 크게 놀랄 일은 아니다. 그날그날의 업무가 내 삶에 의미를 부여할 것인가에 가장 큰 영향력을 행사하는 사람들이 바로 그들이기 때문이다. 이는 또한 사람들

이 직장을 옮기거나 옮길 생각을 해보는 주된 이유의 하나로 잘못
된 경영을 꼽는 이유이기도 하다. "직원은 회사를 떠나는 게 아니라
관리자를 떠난다"는 말이 괜히 나온 게 아니다. 이 표현은 일에 대
한 우리의 느낌에 관리 유형이나 리더십 유형이 중요한 역할을 한
다는 사실을 보여준다. 이 현상을 자세히 살펴보기에 앞서 관리와
리더십의 차이를 분명히 짚고 넘어가자.


## 도덕의 부재


1977년 미국의 연구자 에이브러햄 절레즈닉Abraham Zaleznik은 관리와
리더십의 차이에 관한 이정표가 될 중요한 논문을 한 편 썼다.[37] 그
는 두 개념이 근본적으로 직원에 대한 서로 다른 생각을 바탕으로
하고 있다고 주장했다. 〈하버드 비즈니스 리뷰〉에 발표된 이 논문에
서 절레즈닉은 다음과 같이 말했다.

"관리자는 프로세스를 적극 포용하고, 안정과 통제를 추구하며,
본능적으로 문제를 빨리 해결하려고 한다. 그래서 때로는 문제의
중요성을 충분히 이해하지 못한 경우도 있다. 반면에 리더는 체계
가 사라진 혼돈을 참아내고 결론을 기꺼이 미루면서까지 문제를 더
온전히 이해하려고 한다."

흥미로운 점은 이 정의에 따를 때 절대다수의 조직은 리더십이

아닌 관리를 실천하고 있다는 점이다. 조직이 효과적이려면 두 가지가 모두 필요하다. 그러나 증거를 보면 리더십은 아직 획기적 돌파구를 찾지 못한 것으로 보인다. 일터가 직원들이 필요로 하는 정서나 친밀감을 키워주어야 한다는 요구나 운동 같은 것이 현재로서는 전혀 보이지 않기 때문이다.

이런 요구가 없는 이유는 아마도 다시 델포이에 있는 아폴론 신전에서 찾아야 할 것이다. 무엇보다, 관리자가 남들을 상대하기 전에 자기 자신부터 알아야 한다고 써놓은 경영학 교과서가 얼마나 될까? 극소수일 것이다. 인간이 자신의 능력을 매우 과대평가하는 경향이 있다는 것은 심리학에서 일반적으로 인정하고 있는 사실이다. 이는 관리자들에게도 해당된다고 보는 게 타당할 것이다. 하지만 자신의 실수와 단점을 인정하는 관리자에게 보상을 주는 조직이 얼마나 될까? 앞의 예보다 더 적을 것이다. 그렇다면 자기 자신을 얼마나 잘 아는가를 기준으로 평가를 받는 관리자는 얼마나 될까? 한 명도 없을 것이다.

사실 일부 기업과 기관은 직원이 경영진을 긍정적으로 평가하는지에 따라 관리자에게 책임을 묻고 필요하면 제재를 가하기도 한다. 그러나 이는 겉치레에 불과할 뿐 직원들이 일에서 의미를 느끼는지와 경영진에 대한 요구는 서로 동떨어진 경우도 많다.

그렇다면 관리자들이 관리에만 관심을 갖는 것도 놀라울 게 없다. 그들에게 기대되는 사항은 회사가 전략적으로 중요한 다른 자원들을 관리할 때와 똑같은 방식으로 직원들을 관리하는 것이기 때문이다. 그렇게 해서 최대한 비용 대비 효과가 큰 방식으로 이윤을 내고 성장하면 된다. 관리자들은 리더십에 초점을 맞추지 못할 뿐만 아니라 자기 자신이나 타인이 자기 존중의 사다리를 오르거나 일을 의미 있게 만드는 데 도움을 주는 교육을 받지 못한다. 관리자들에게 기대되는 사항은 자신이 책임지는 사람들이 근본적 의미를 느끼는 것과는 전혀 무관한, 꼼꼼하게 정의된 목표를 관리하는 것이다.

우리는 어쩌다가 이렇게 무능한 관리자의 시대를 맞이하게 되었을까? 1969년 캐나다의 심리학자 로런스 J. 피터Laurence J. Peter가 출판한 《피터의 원리The Peter Principle》에는 다음과 같이 유명한 원칙이 나온다. "위계 서열 내에서 모든 직원은 자신의 직급에 맞는 무능함을 발휘하는 경향이 있다."[38] 원래 이 책의 의도는 왜 그토록 많은 관리자가 무능한지 풍자적으로 폭로하는 것이었으나, 이후 이 책의 기본 아이디어에 관한 엄밀한 연구가 진행됐다. 2018년 세 명의 대학교수 앨런 벤슨Alan Benson, 대니얼 리Danielle Li, 켈리 슈Kelly Shue는 피터의 원칙을 테스트하고 그 결과를 발표했다. 214개 미국 기업의 세일즈 인력의 실적과 승진 관행을 분석한 세 교수는 최고의 세일즈 인력이 승진될 가능성도 실제로 더 높다는, 별로 놀랍지 않은 결론을 내렸다. 정작 놀라웠던 것은 승진이 된 후에 이들 인력이 관리자로서 형편없는 능력을 보이기 때문에 결과적으로 해당 기업들이 상당한 비용을 치른다는 부분이었다.

우리는 어느 직원이 향후에 훌륭한 관리자가 될 것인가 하는 잠재력이 아니라 관리 업무와는 무관한 해당 직원의 과거 실적을 바탕으로 그 사람을 관리자로 승진시키는 경향이 있다. 이는 두 가지 점에서 문제가 된다. 첫째, 무능한 관리자가 너무 많아진다. 둘째, 이 무능한 관리자는 자신이 유능해서 승진한 줄 알고 높은 자신감을 갖게 될 가능성이 크다. 그러나 그 자신감의 근원은 근본적으로 다른, 새 영역에서 전혀 효과를 발휘하지 못한다. 마찬가지로 이 무능한 관리자는 효율적인 관리자나 훌륭한 리더가 되는 데 필요한 겸손이나 자기 인식은 전혀 축적하지 못할 것이다. 실제로 이들이 많은 시간을 내서 자신이 왜 관리자가 됐는지 숙고하는 일은 결코 없을 것이다. 또한 새로 맡게 된 책임을 하나의 소명으로 보기는커녕, 자신의 과거 업적에 따른 당연한 지위라고 생각할 것이다. 이들은 잘 되어봐야 좋은 관리자가 될 것이고, 절대로 훌륭한 리더는 될 수 없다.

만약 우리가 경영자에게 바라는 것이 그들의 책임 아래에 있는 직원들이 의미를 느끼는 것이라면 경영자는 좋은 관리자인 동시에 훌륭한 리더이기도 해야 한다.

궁극적으로 관리자라고 해서 남들보다 도덕적으로 더 유능하거나 못하지는 않다. 관리자도 사람이고 모든 인간은 예민한 구석이 있다. 그러나 사람들을 승진시킬 때 관리자로서의 잠재력을 기준으로 삼지 않고 또 승진시킨 이후에는 정해진 목표만을 재깍재깍 추구하기를 요구한다면, 실존적 관심이나 포부 자체가 없다면, 의미를 불어넣는 일은 우선순위가 되지 않을 것이다. 지금껏 부서원들이 느끼는 의미와 자기 인식을 22퍼센트 증진시켰다는 이유로 승진하거나 보상을 받은 관리자는 아무도 없다. 하지만 이윤이나 매출을 22퍼센트 높였다면, 그 과정에서 아무리 많은 사람을 착취했다고 해도, 인정받고 칭찬받으리라 기대할 수 있다. 관리자들이 그렇게 행동하는 이유는 다른 방식을 배운 적도 없고 다른 행동이 기대된 적도 없기 때문이다.

이 시대의 관리자들은 도덕적 울림이 결여되어 있다. 그들은 직원들에게 의미 있는 작업 환경이 필요하다는 사실을 이해할 준비도, 그런 환경을 제공할 준비도 되어 있지 않다. 우리는 나 자신도, 타인도 도덕적으로 무능한 방식으로 관리하고 있고 이는 실존적으로도 무의미한 방식이다.

직장에서도, 직장 밖에서도 우리가 삶을 경영하는 방식은 현대인들이 광기 속에서 의미를 찾는 데 전혀 도움이 되지 않는다. 현대인들이 의미를 찾기 위해서는 전혀 다른 출발점에 기초한 경영이 필요하다. 예를 들어 죽기 직전 가장 많이들 하는 후회는 "일을 너무 많이 했다"는 것이다. 그렇다면 우리는 잠시 하던 일을 멈추고 과연 우리의 리더십이 윤리적 명령 즉 좋은 일을 하려는 진정한 욕구에 뿌리내리고 있는지 생각해보아야 한다. 이는 쉬운 일이 아니다.

특히나 휴머니즘이 자본주의에 상반되는 것으로 간주되고 있다면 말이다. 그러나 덴마크의 철학자 K. E. 로이스트루프K. E. Løgstrup는 1956년 이렇게 말했다. "진정으로 요구되는 것은 애초에 그런 요구가 필요하지 않았어야 한다는 점이다." 다시 말해 처음부터 좋은 일을 했다면 애초에 요구할 필요도 없었을 것이다.[40]

좋은 일을 하라는 요구가 나타나는 것은 성향과 의무, 이기심과 이타심이 충돌하기 때문이다. 허겁지겁 일상을 사는 동안 우리는 실제로 리더십에 수반되는 게 무엇인지 잊고 말았다. 이렇게 되면 가장 저급한 성향에 취약해진다. 이런 상황에서는 가장 중요한 사항을 수치화할 수 없을 경우, 수치화 가능한 사항이 금세 가장 중요한 것이 되고 만다. 예를 들어 우리가 부서를 폐쇄하고, 팀을 재조직하고, 비용을 절감하는 속도만을 측정한다면, 스스로에게는 내가 가치를 창출했다고, 나는 성공한 리더이자 관리자라고 말할지도 모른다. 그러나 그런 변화가 과연 그 영향을 받는 사람들에게도 의미 있는 변화인지, 중장기적으로는 어떤 영향이 있는지 평가하지 않는다면 조직의 가치나 인간적 가치는 돌이킬 수 없는 손상을 입을 것이다.

일을 하는 사람들에게 일이 의미를 갖는 것보다 더 중요한 것은 없다. 로이스트루프는 이 부분에 관해서도 매킨지McKinsey의 컨설턴트들은 좀처럼 언급하지 않을 경영에 관한 지혜를 전해준다. 로이스트루프는 우리가 누구와 교류하든 상대의 삶의 아주 작은 부분에 대해 책임을 져야 한다고 말한다. "누군가와 엮이게 되면 반드시 상대의 삶의 무언가를 내 손에 쥐게 된다. 그것은 아주 작은 것일 수도 있다. 스쳐 지나가는 기분일 수도 있고, 약해지거나 높아지는 사기일 수도 있고, 커지거나 작아지는 혐오일 수도 있다. 그러나 그 무언가가 아주 큰 것이어서 상대의 삶이 번창하고 말고가 내 손에 달리게 될 수도 있다."[41]

관리자로서 당신은 직원들의 삶에서 상대적으로 큰 덩어리를 손에 쥐게 된다. 당신은 직원들이 병들지 않게 할 책임이 있으며, 이상적으로는 그들의 삶이 의미 있어지게끔 도와줄 책임이 있다. 이 점을 염두에 둘 때 당신의 리더십이 끼친 영향을 가장 크게 평가할 수 있는 방법은 뭘까? 그것은 당연히 그 누구도 당신 밑에서 일한 시간을 후회하지 않게 만드는 것이다.

이는 결코 작은 업적이 아니다. 특히나 '인적 자원 경영'과 삶의 구획화가 표준이 되어버린 세상에서는 말이다. 그러나 지금 만연한 경영 스타일이 수많은 사람을 병들게 하고 있다는 사실을 고려할 때 우리는 나 자신을 위해서도, 남들을 위해서도, 근본적 변화를 모색해야 한다.

10여 년에 걸쳐 대규모로 진행된 스웨덴의 한 연구에 따르면 형편없는 관리자 밑에서 일하는 것은 불안정협심증 및 심장마비로 인한 입원 또는 사망 사고의 증가와 관련이 있다고 한다.[42] 또한 심리학적으로 문제가 있는 직장의 직원들은 심혈관계 질환에 걸릴 위험이 50퍼센트나 증가했다. 이 연구에서 형편없는 경영진이란 이기적이고 가혹하고 성격이 나쁜 사람으로 정의됐다. 서서히 진행되는 인간성 파괴는 느리지만 분명하게 관리자와 직원 사이를 점점 더 크게 갈라놓았다. 좋은 일을 하라는 우리의 의무가 비윤리적인 경향들에 잠식당하지 않도록 대책이 시급하다.

인간은 권력을 축적하는 데는 뛰어나지만 그 권력을 행복으로 바꾸는 데는 별로 뛰어나지 않다. 이는 현대 관리자들이, 실은 경영이라는 개념 자체가 직면한 가장 큰 패러독스이자 도전 중 하나다. 커리어를 중시하는 사람들은 큰 포부를 가지고 악착같이 꼭대기를 향해 오르는 과정에서 점점 더 많은 권력을 축적한다. 그리고 그 권력을 이용해 인간의 잠재력을 착취함으로써 경제적 혹은 상업적 이득을 얻는 데 점점 더 능해진다. 그러나 동시에 이들은 그 똑같은 권력을 개인들을 위해 사용하는 능력은 상실하는 것으로 보인다. 개인들이 자신의 잠재력을 실현하고 자신이 가진 하나의 삶을 최선으로 살 수 있는 공간을 만들어줄 수도 있을 텐데 말이다.

우리가 나의 네트워크에 포함된 모든 사람에게 미치는 영향력은, 특히나 관리자들의 경우, 실존적 상호 요구에 기초한 것이다. 이 요구는 온전한 삶을 살기 위해 우리가 서로에게 지고 있는 필연적인 상호적 책임이다.

# 리더십과 상호적 책임

매킨지에 따르면 관리자의 90퍼센트는 의미를 만들어내지 못하는 것이 높은 성과를 내는 데 가장 큰 걸림돌이라고 했다.[43] 직원들은 의미 상실을 경험하고 있고, 이 시대의 관리자들은 하나같이 이 문제를 해결하는 데 애를 먹고 있다.

이 문제가 관리자들에게는 이질적으로 느껴질 수도 있다. 그럼에도 우리는 이 문제를 가슴 깊이 받아들이고, 비즈니스 세계가 우리에게 기대하듯이, 사실을 기초로 한 짜임새 있고 진지한 방식으로 접근해야 한다. 의미를 창출하는 것이 기업의 이윤 못지않게 가치 있는 것으로 여겨질 때에만 우리는 꼭 필요한 행동의 변화를 실제로 목격하게 될 것이다. 아직도 확신하지 못하는 사람들이 있다면 의미는 오늘보다 나은 내일의 회사를 만들어준다고 말하는 것으로 충분할 것이다. 왜냐하면 의미는 다른 그 어떤 것보다 생산성과 혁신을 견인하고 직원 유출을 방지하기 때문이다. 그러나 뭐니 뭐니 해도 가장 중요한 점은 그 누구도 회사의 관리 방식 때문에 마지막에 가서 자신이 살았던 하나의 삶을 후회하는 일이 있어서는 안 된다는 점이다. 이번 기회에 우리는 의미를 가장 중요한 핵심 성과 지표KPI로 채택해야 한다.

물론 그러려면 관리자가 책임지고 있는 사람들이 관리자의 리더십을 기꺼이 따를 마음이 있어야 한다. 이 문제는 우리가 관리자들에게 리더십을 맡겨버리는 데도 일부 원인이 있다. 경영은 살사춤처럼 멀찌감치 떨어져서 진행할 수 없다. 경영은 탱고처럼 친밀하게 진행되는 행위다. 관리자가 리더십을 발휘하기 위해서는 직원들이 그 리더십을 따라주어야 한다. 이렇게 될 때에만 우리는 자기 존중의 사다리를 오를 수 있다.

리더십을 따르는 것이 스트레스를 줄여주는 게 아니라 유발한다면 문제의 근원으로 가장 먼저 찾아보아야 할 곳은 당연히 관리자다. 개별 관리자가 비난받아야 할 경우도 많지만, 관리자와 직원의 관계를 좀 더 신중하게 생각해볼 필요가 있다.

대부분의 경우 문제는 우리가 과연 관리를 할 만큼 충분히 훌륭한가 하는 부분이다. 그렇지 않다는 사실을 쉽게 알아낼 수 있다. 하지만 이미 아픈 곳을 계속 쿡쿡 찌르는 것보다는 스스로에게, 또 서로에게, 내가 리더십을 '따를' 만큼 충분히 훌륭한지, 너무 많은 리더십을 관리자에게 맡겨버리고 있는 것은 아닌지 물어보는 편이 더 도움이 될지도 모른다.

한편으로는 어떻게든 착취하려고 하는 관리자와 고용주, 다른 한편으로는 사생활 분리와 워라밸, 더 많은 휴식을 요구하는 직원과 노동조합 사이에서 땅을 파고 참호전을 준비하는 것은 별 도움이 되지 않는다. 우리가 은퇴 전에 무언가를 깨닫고 지혜를 얻으려면 직원들도 관리자 못지않게 노력을 기울여야 한다. 우리 자신이, 또 우리의 자기 인식이 리더를 따르지 않는다면 그 어떤 관리자도 우리가 인간으로서의 잠재력을 실현하도록 도와줄 수 없을 것이다. 다른 사람이 우리에게 강제로 자기 존중의 사다리를 오르게 만들 수는 없다. 관리자들이 길을 보여줄 수는 있지만 궁극적으로 사다리의 단을 올라야 하는 사람은 바로 우리 자신이다. 사무실 벽에 "너 자신을 알라"고 새겨놓는 직장은 매우 드물지만, 그렇다고 해서 자기 통찰을 구하는 것을 멈춰서는 안 된다. 관리자가 실존적 리더십을 발휘하려면 사람들이 기꺼이 관리자의 리더십을 따라주어야 한다.

마음을 열어 삶이 일 속으로 들어가고 일이 삶 속으로 들어오게 하는 것에도 위험이 없지는 않다. 십중팔구 관리자들은 우리가 필요로 하는 실존적 리더십을 제공하지 못할 것이다. 관리자들은 선량한 마음과 좋은 뜻을 가진, 의도만큼은 훌륭한 네안데르탈인과 같을지 모른다. 타인을 제대로 관리하는 데 필요한 공감 능력이나 수완, 감수성이 결여됐을 수 있다.

마음의 테플론 코팅을 벗겨내는 것은 위험한 일이다. 나 자신을 다른 사람에게 실존적으로 내놓았으나 나의 건강이나 행복, 잠재력이 보호되거나 개발되지 않는다고 느껴지면 즉시 뒤돌아서서 떠나야 한다. 그러나 회사에 의미가 퐁퐁 솟아오르는 샘이 따로 있을 거라고 기대해서는 안 된다. 무엇이 내 삶을 의미 있게 만들어줄 거라 생각하는지 내 생각을 공유할 준비가 되지 않았다면 말이다.

우리가 자기 가치와 자기 존중을 개발하고 보호할 수 있게 고용주가 지원하고 도와주기 위해서는 먼저 우리가 자기 통찰과 자기 인식을 가지고 있어야 한다. 그러려면 거리는 최대한 줄이고 친밀함은 최대한 늘렸을 때 의미가 가장 잘 실현된다는 사실을 인식해야 한다.

기계는 아무 문제 없이 여기저기로 옮겨서 사용할 수 있다. 하지만 사람은 그렇지 않다. 사람을 이동시키는 것은 그 사람의 정신을 비롯해 존재 전체를 옮기는 것이다. 사람은 기계보다 훨씬 더 깨지기 쉽다.

인간은 편의대로 실컷 쓰면 되는 기술이나 기계가 아니다. 우리가 아무리 테플론으로 나 자신이나 서로를 코팅한다고 해도, 그 코팅 갑옷 아래에는 누군가가 나에게 견디라고 시킨 일을 생각하고 느끼고 기억하는 마음이 있다는 사실을 피할 수 없다.

# 4장:

# 우리는
# 일터를 사랑할 수
# 있을까

# 직업적 거리

2년 전에 덴마크의 어느 병원이 요즘 일과 관련된 스트레스가 왜 그렇게 만연한지 밝혀보려고 했다.[44] 직업 관련 질병을 전문으로 보는 이 병원은 외래 환자 수백 명에게 지금 심한 스트레스를 받고 있는 이유가 무엇인지 물었다. 대부분 사람은 형편없는 경영 관리, 구조 조정, 과도한 업무량 등 직업과 관련된 이유 서너 가지와 하나 정도의 개인적인 문제, 주로 이혼을 언급했다. 똑같은 질문을 이들의 고용주에게도 해봤더니 고용주들은 새집 구매, 쌍둥이 출산, 이혼 등 오직 개인적인 문제만 언급했다.

대체 우리는 서로 얼마나 냉담하고, 안일하고, 무책임한 교류를 나누었기에 직원들의 평일 깨어 있는 시간의 절반을 차지하는 '일'이 그들의 마음과 행복에 크나큰 영향을 미친다는 사실조차 인지하지 못했을까? 직장에 스트레스를 유발하는 환경이 있을 수 있다는 게 정말로 그렇게 상상조차 하기 힘든 일일까? 직장 환경은 어마어마한 영향력을 가지고 있고 따라서 잘못된 손에 들어가면 위험해질 수도 있다. 기본적으로 관리자들은 직원들의 삶에서 아주 큰 부분을 손에 쥐고 있다. 올바른 목적을 위해 올바른 방식으로 영향력이 행사되지 않는다면 말 그대로 치명적일 수 있다.

한 가지는 분명하다. 관리자가 멀찌감치에서 자신의 책임을 완수할 수는 없다. 각자의 삶에서 일을 통해 겹치는 부분만을 기초로 삼는다면 서로를 보살펴주는 실존적 관계는 시작될 수 없다. 모든 직원은 하나의 시간 속에 하나의 삶을 사는 온전하고 복잡한 한 명의 사람이다. 우리가 한 사람의 대략 3분의 1밖에 관심이 없다면, 그리고 그 경우에서조차 직업적 거리를 유지한다면, 직원들이 받는 스트레스의 원인에 대해 황당할 만큼 잘못된 답을 내놓는 것도 놀랄 일이 아니다. 상대와 직업적 거리를 유지하면서 이 사람이 삶에서 어떤 의미를 느끼는지 혹은 의미를 느끼기는 하는지 파악하는 것은 처음부터 불가능한 일이다. 내가 큰 책임을 지고 있는 사람과 거리를 둔다는 것은 해당 직책을 맡은 사람으로서 전문적이지 못하고, 아마추어적이며, 무책임한 일이다.

직업적 거리라는 개념이 정확히 언제 경영 이론에 등장했는지는 특정할 수 없지만 상상해보는 것은 어렵지 않다. 이제는 화석이 되어버린 그 옛날 어느 이론가가 관리자는 멀찌감치 떨어져 있을 때 가장 효과적이라는 생각을 가졌을 것이다. 안타까운 것은 아직까지도 이제 막 승진해 희망에 부푼 관리자가 첫날 새 양복을 입자마자 듣게 되는 조언이 바로 이런 내용인 경우가 많다는 점이다. 관리자들은 적당한 거리를 유지하는 게 중요하며 회식이 있더라도 일찍 집에 가라는 얘기를 듣는다. 분명히 나쁜 의도에서 나온 조언은 아니다. 사실 어제의 동료가 오늘의 자원 및 부하 직원이 됐다는 사실을 스스로에게 정당화하고 싶은 거라면 거리를 유지하는 것도 효과적인 방법이다. 이 경우 거리 유지, 테플론 코팅, 착취는 승진 후 동료에서 관리자로 자리를 옮기면서 몰려오는 양심의 가책을 피하는 데 절대적으로 옳은 전략이다.

친밀함을 느끼고 문화 행사에 참석하는 것이 우리가 행복감과 삶의 의미를 느끼는 데 다른 것들과는 비교도 되지 않을 만큼 큰 요인이라는 사실을 알고 있다면 그런 친밀함과 문화를 직장에도 더 많이 도입할 수 있는 가능성을 마땅히 살펴보아야 하지 않을까?

그렇다고 직장을 파티장으로 바꾸자는 얘기는 아니다.

철학적 관점에서 보면 우리 삶의 친밀한 부분인 일에 역설적으로 친밀함이 전혀 없어 보인다는 점이 흥미롭다. 그러나 친밀함이란 인간인 우리가 늘 찾는 바로 그것이다. 친밀함은 의미 있는 삶의 주재료다. 우리는 더 친밀해질 수 있었는데 그러지 않았던 것을 후회하는 경우가 많다. 행복할 수 있었는데 그러지 않은 것을 후회한다. 사랑하는 사람들과 더 많은 시간을 보내지 않은 것을 후회한다. 내 감정을 더 많이 표현하지 않은 것을 후회한다. 일의 중심은 마음속 가장 깊은 곳에서 느끼는 감정을 표현하는 것이나 내가 누구인가에 대한 답을 찾는 것이 아니다. 일은 우리의 자기 인식을 고양하지도, 삶의 의미를 찾는 능력을 키워주지도 않는다. 오히려 일은 삶을 잠시 쉬는 것이다. '진짜' 삶을 잠시 멈추는 것이다. 우리는 그래도 된다고 나 자신을, 서로를 설득해왔다. 왜냐하면 삶은 '일하는 시간'이라는 것과 '개인 시간'이라는 것으로 나눠지기 때문이다. 일이 내가 내 시간에 하는 활동에 개입해서는 안 된다. 그 반대도 마찬가지다. 삶이 쪼개질 때 일은 삶을 멈춘 시간이 되고 우리는 일에 대해 똑같은 실존적 요구나 기대를 해서는 안 된다. 그러나 이는 우리에게 의미 있는 모든 것을 잠시 쉰다는 뜻이고 결국에 가면 우리는 후회하게 된다.

삶의 예측 불가능성은 우리의 테플론 코팅과 자신감을 조금씩 벗겨내는 경향이 있다. 결국 죽음이 눈앞에 오면 우리는 내가 누구인지 알지 못하는 채로 그동안 내가 살았던 삶이 과연 품위 있는 삶이었나, 옳은 삶이었나, 인간으로서의 잠재력을 모두 발휘하고 살았나 필사적인 의문에 휩싸인다. 가장 먼저 후회하는 것이 '일'이다. 우리는 대체 왜 삶의 3분의 1을 실존적 산소 공급이 끊긴 채로 사는 것을 허용했을까?

일이 그토록 각박하고 금욕적이 되어야 할 이유가 과연 있을까? 우리는 정말로 내 인격, 내 시간, 내 삶을 쪼개야만 견뎌낼 수 있는 걸까? 물론 우리에게는 한계와 책임, 체계와 의무가 필요하다. 그러나 우리가 나 자신을 표현하기 위해서 사용하는 언어, 회사에서 직원들을 관리하는 방식 혹은 관리를 받는 방식은 기껏해야 후회의 근원이고 때로는 심각한 질병의 원인이 되는 경우도 많다. 우리는 대체 어디까지 잃어야 직업 세계에 친밀함을 위한 공간을 마련하게 될까?

## 아폴론과 디오니소스

니체는 고대 그리스 예술을 분석하면서 상반되는 두 가지 힘을 렌즈로 사용했다. 바로 아폴론과 디오니소스라는 두 신이다. 니체는 고대 그리스인들이 삶에 대해 아폴론적인 것과 디오니소스적인 것의 상반된 두 가지 태도를 갖고 있었다고 보았다. 두 가지를 나란히 놓고 보면 우리 존재에 대한 중요한 진실이 드러난다. 아폴론은 금욕주의와 빛, 이성을 대표한다. 아폴론을 추종하는 사람들은 지성이 윤리적 삶으로 가는 길을 인도한다고 믿었다. 델포이에 있는 아폴론 신전 입구에는 "너 자신을 알라"고 새겨져 있지만 좀 덜 알려진 다른 글귀도 있었는데 "그 무엇도 지나치지 마라"가 그것이다. 인간

은 신들만큼의 행운이나 행복을 기대할 수 없음을 일깨워주는 문구
였다.

우리는 삶에 대해 너무 높은 기대치를 가져서는 안 된다. 오히려
주어진 상황에 복종할 수 있어야 한다. 삶을 아폴론적으로 이해하
는 사람들은 우리가 인간으로서의 한계를 인정하고 금욕주의적으
로 충실히 내 역할을 수행해 질서와 조화를 유지해야 한다고 말한
다. 아폴론을 섬기는 것은 지혜와 합리성, 한계를 받드는 것이며, 특
히 직업적인 태도를 키우고 인정하는 것이다. 결국 승리하는 것은
이성과 지성, 중용이며, 의지나 혼돈은 억제되고 진압된다.

고대 신화에 따르면 여름이 끝날 즈음 아폴론은 신전을 떠나고
그의 이복형제인 디오니소스가 그 자리를 이어받아 겨울 동안 예언
자가 되었다. 이는 악마를 교황으로 지명한 것이나 마찬가지였다.
삶을 디오니소스적으로 이해하는 것은 아폴론적인 이해와 극명하
게 대비되었다. 술과 황홀함의 신인 디오니소스는 이성에 구애되지
않았다. 그는 흥분과 육욕, 혼돈을 원했다. 사람들은 난잡한 파티와
축제, 비극과 희극을 아우르는 연극을 통해 디오니소스를 숭배했다.
일상의 제약이나 방해에 구애받지 않고 인간 본성의 억압된 측면을
표출하는 것이 목적이었다. 디오니소스를 섬기는 것은 야성과 황홀
함, 무한대를 받드는 것이고 친밀함을 숭배하는 것이다. 야성, 열정,
즉흥성이 주인공이고 그 어떤 한계나 체계도 무시된다.

여러모로 아폴론적인 것과 디오니소스적인 것은 인간 마음의 서

로 다른 측면을 대표한다. 한쪽은 질서와 이성에 대한 욕구를, 다른 한쪽은 야성과 흥분에 대한 충동을 나타낸다. 문화 대 본성. 문명 대 야만. 질서 대 혼돈. 평일 대 주말. 우리 삶으로 와보면, 그러니까 일로 와보면, 우리는 두 가지가 모두 필요하다.

우리가 아폴론, 현명함, 이성, 억제만을 섬긴다면 늘 직업적인 모습만 보일 것이다. 디오니소스가 없으면 삶은 지나치게 금욕적이고 구속적이다. 위계질서와 관료주의가 모든 형태의 의지와 감정에 그림자를 드리우고, 직장은 요즘 흔히 볼 수 있듯이, 사랑에 저항하는 장소, 실존적 거리를 유지하는 장소가 되고 말 것이다. 반면에 우리가 무모하게 열광하는 디오니소스만을 섬긴다면 늘 친밀한 모습밖에 없을 것이다. 아폴론이 조정해주지 않는다면 우리의 충동은 고삐 풀린 망아지처럼 파괴를 일삼을 것이다. 일 속에 난잡한 파티와 종교적 축제밖에 없다면 장기적으로는 어디로 튈지 모를 어린아이밖에 되지 않을 것이다.

니체의 결론처럼 두 가지 극단 중 어느 하나도 혼자서는 아무것도 될 수 없다. 두 가지는 죽 이어진 하나의 일부로서 상대적 관계 속에서만 의미가 있다.

첫째, 삶이 의미를 가지려면 우리는 아폴론적인 것과 디오니소스적인 것의 통합이 필요하다. 가끔은 사생활에서도 절제와 질서가 좋은 일인 것과 마찬가지로, 일도 비극과 희극, 친밀함을 수용할 수 있어야 한다. 직업적 태도와 친밀함 사이에서 어느 하나를 굳이 선택해야 할 필요는 없다. 우리에게 필요한 것은 직업적 친밀함이다. 우리에게 필요한 형태의 친밀함이란 가장 진심에서 우러난 감정을 품고 또 그것을 표현하고 싶은 욕구, 그저 인정이나 피드백만 주고 받는 게 아니라 사랑을 주고받고 싶은 욕구를 충족시킬 수 있는 친밀함이다. 동시에 우리에게 필요한 형태의 직업적 태도란 이성의 중요성을 인식하면서도 친밀함에 대한 인간의 기본적 욕구를 충족시킬 여지를 만들어두는 직업적 태도다. 이것이 없으면 의미가 생기지 않는다. 의미가 없으면 생산성도 없다.

둘째, 직업적 태도는 친밀함에 질서와 방향성을 가져와 계속해서 조직의 전반적 목적 달성에 초점을 맞추게 할 수 있다. 고대 그리스의 난잡한 파티조차 성공하기 위해서는 계획과 체계가 필요했다. 마찬가지로 회의나 워크숍이 좋은 아이디어를 자극하고 에너지를 불어넣으려면 어느 정도의 열정과 추진력이 필요하다.

현대인들은 디오니소스보다는 아폴론을 위해 훨씬 더 큰 희생을 감내한다. 그리 놀랄 일도 아니다. 우리는 직업적 태도와 친밀한 태도의 적정 비율이 5 대 2라는 생각을 받아들이고 거기에 익숙해졌기 때문이다. 닷새의 평일 후 이틀의 주말. 우리는 친밀함이나 황홀함이 없는, 제대로 숨도 쉴 수 없는 닷새를 참아낸 후 주말 동안 몸과 마음에 사랑과 에너지를 채운다. 종종 우리는 금요일 저녁부터 일요일 오후까지를 각종 모임(디오니소스의 축제와 비슷하다)으로 빼곡히 채우고 온몸을 던진다. 착취당하고 번아웃당하는 월요일 아침의 직장 생활로 돌아가기 전에 최대한 많은 삶을 구겨 넣기 위해서 말이다.

## 상사를 사랑해야 하는 이유, 부하 직원을 사랑해야 하는 이유

관리자로서 우리가 지는 직업적 의무는 실존적 의무이기도 하다. 우리는 직업적 거리감이 아닌 직업적 친밀함을 만들어내어 의미를 창출할 수 있는 방향으로 직원들을 관리해야 할 의무가 있다. 직장이란 또한 사랑이 뿌리내릴 수 있는 공간이 되어야 한다. 그런데 여기서 사랑이란 대체 어떤 종류의 사랑을 말하는 걸까? 이 질문에 답하려면 먼저 사랑에도 여러 가지 유형이 있다는 사실을 알아야 한다. 사랑이라고 하면 보통 배우자 혹은 파트너에 대한 로맨스나 욕정을 떠올린다. 남녀관계나 사랑에 빠지는 것을 떠올린다. 단순한 실용적 선택 이상이면서 평생 소속감이나 매력을 줄 수 있는 결혼을 떠올린다.

고대 그리스의 철학자들은 사랑에 대해 이와는 조금 다른 관점을 가지고 있었다. 플라톤은 《향연》에서 사랑의 본질에 대해 수많은 아이디어를 그려놓았다. '향연'을 말 그대로 옮기면 '술을 마시는 파티'라는 뜻으로 실제로 그런 모임이 글의 배경이다. 실은 몇몇 손님이 숙취에 시달리고 있는 파티 이튿날이 주된 배경이다. 사람들은 술을 잠시 접어두고 여자들을 멀리 보낸 후 철학적 토론을 즐기기로 한다. 토론의 주제는 사랑 혹은 에로스eros의 본질이다. 에로스란 육체적 욕망, 감각적 사랑, 2세를 생산하려는 충동, 더 많은 것을 원하는 충족시킬 수 없는 욕구를 말한다.

처음에 이들은 신체, 다음에는 영혼, 다음에는 영적 관계가 최고라는 이야기를 나눈다. 마침내 소크라테스가 입을 연다. 소크라테스는 에로스는 어느 한 사람이나 영혼을 향하는 것이 아니라며 우리가 누군가를 사랑하는 근본 이유를 생각해야 한다고 말한다. 그는 우리가 사실상 '선善'과 사랑에 빠져 있다고 말한다. 선은 먼저 육체적 존재로서의 우리가 예컨대 아름다운 신체에서 경험하는 것이다. 그러나 차츰 현명해지면서 우리는 생각 속에서 선을 찾게 된다. 바닥에 놓인 것, 표면 아래에 있는 것에서 말이다.

향연이 다시 약간 디오니소스적으로 흐르자 일부의 참석자는 파티를 이어가고 일부는 자리를 뜨거나 잠이 든다. 독자들은 사랑이 단순한 욕정 이상이라는 주장에 대해 고민하게 된다. 사랑은 친구, 어떤 아이디어 혹은 목적을 향할 수도 있다.

고대 그리스인들은 사랑의 수많은 얼굴과 뉘앙스를 설명하기 위해 아주 다양한 개념들을 사용했다. 그중 세 가지가 특히 중요한데 각각 아가페agápe, 스토르게storgé, 필리아philía이다. 아가페는 동료 인간에 대한 에로틱하지 않은 사랑이다. 자기희생적이고 헌신적인 사랑으로 이웃에 대한 보편적 사랑이다. 스토르게는 자연스럽고 본능적인 사랑, 예컨대 자녀와 부모 사이의 사랑이다. 그러나 필리아는 두 사람 사이의 동등한 사랑을 말한다. 존경에서 나오는 사랑이고, 깊고 진실한 우정이며, 솔메이트 사이의 유대감 즉 사랑과 우정에 기초한 유대감이다.

아리스토텔레스에 따르면 친구는 서로 다른 방식으로, 실은 세 가지 방식으로 유대감을 느낄 수 있다고 한다. 하나는 효용이다. 즉 서로에게 도움이 되는 우정이다. 이 유형은 그 정의에서부터 일시적일 수밖에 없다. 효용적 가치가 말라버리면 우정도 말라버린다. 대부분 사람은 직장 동료에게 이런 우정을 경험해본 적이 있다. 서로 함께하는 시간이 즐겁고 상호 도움을 주지만 상황이 바뀌면 관계는 종종 크게 바뀐다. 많은 사람이 신뢰하는 훌륭한 동료를 가져본 적이 있다. 함께 있으면 즐겁지만 일적인 관계가 끝나고 나면 그 사람과 거의 엮이지 않는다.

두 번째 유형의 우정은 역시나 우연히 생기는 경우가 많은데 일시적인 기쁨이나 만족을 특징으로 한다. 이는 첫 번째 유형보다는 정서적인 것으로 학급 친구나 팀원들 사이에서 생기는 경우가 많다. 이것 역시 기간이 짧아서 상황이나 선호가 바뀌면 우정도 멈추는 경향이 있다. 젊은 사람들은 다양한 관심사를 탐구하며 여러 단계를 거쳐 변화하는 경우가 많다. 그러는 동안 만나는 사람들도 바뀌게 된다.

많은 우정이 주로 우연하게 결정되는 이 두 가지 카테고리 중 어느 하나에 속한다. 일하는 관계도 마찬가지다. 많은 관계가 첫 번째 카테고리에 해당하여 주로 서로 도움을 주고받는 교환 관계가 성립한다. 일부 두 번째 카테고리에 속하는 경우도 있는데 서로 관심을 갖는 무언가에 협력하는 운 좋은 경우다.

'필리아'라고 알려진 더 고차원적인 형태의 우정은 상호 효용이나 일시적 기쁨과는 무관하다. 필리아는 훨씬 깊고 근본적인 형태의 우정이다. 상대방이 상징하는 혹은 열망하는 삶의 목적이나 윤리에 대한 사랑에 훨씬 더 많이 기초하는 관계나 우정이다. 상대방을 효용이나 기쁨을 주는 존재가 아니라 그 자체로 목적으로 본다. 상호 효용이나 기쁨의 교환이 없더라도 지속되는 관계다. 특정한 상황에 기초하거나 우연히 생긴 우정이 아니라 상대의 덕목에 기초한 우정이다. 다시 말해 상대의 근본적 본성에 대한 사랑이며, 플라톤의 술자리와 마찬가지로 그런 덕목의 뒤에 자리한 의미, 덕목들이 가리키는 방향에 대한 사랑이다. 상대의 동력이 되는 주된 목적에 대한 사랑이고, 순전히 지적으로만은 온전히 이해하기 힘든 어떤 것이다.

필리아는 미셸 몽테뉴의 〈우정De l'amitie〉이라는 에세이에 가장 잘 설명되어 있다. 〈우정〉에서 몽테뉴는 다음과 같이 친구인 에티엔 드 라보에티Étienne de La Boétie를 너무나 깊이 사랑한다고 결론 내린다.

"그가 그였고, 내가 나였기 때문이다."

스웨덴의 동화 작가 아스트리드 린드그렌도 '뢰네베르가의 에밀 Emil of Lönneberga' 시리즈 중 하나에서 필리아를 아주 멋지게 묘사해놓은 대목이 있다.[45] 에밀은 다음과 같이 말한다.

"너랑 나, 알프레드."

그러자 알프레드가 대답한다.

"그래, 너랑 나. 에밀."

대가다운 솜씨로 우정의 본질을 아주 멋지게 압축해놓은 장면이다. 지극히 간단하고 복잡할 게 전혀 없는, 너무나 가깝고 깊은 관계 말이다.

대부분 사람에게 동료 사이의 사랑이란 보통 사무실 크리스마스 파티에서 일어난 사건과 동의어다. 하지만 직장에서도 다른 형태의 사랑이 있다. 직업적으로도 유익한 형태의 사랑 말이다. 나는 모든 직업적 관계는 궁극적으로 두 개인 사이의 플라토닉한 사랑에 기초해야 한다고 진심으로 믿고 있다. 이 사랑은 욕정에 기초한 주체 못할 그런 사랑이 아니다. 덕목에 대한 사랑, 두 사람 관계의 중심이 되는 목적과 함께 시작되고 끝나는 유대감이다. 우리가 가진 하나의 삶에서 너무나 많은 부분을 직장이나 동료들과 공유하고, 또 관리자가 된 경우 직원들의 삶의 중요한 부분이 내 손에 맡겨져 있을 때 우리는 이들 삶을 나 자신의 삶 또는 내가 마주치는 모든 삶을 대할 때와 똑같은 존중 및 사랑으로 대해야 할 의무가 있다.

기본적으로 이런 유형의 관계가 시작되려면 꼭 필요한 정도의 선의와 품위, 관대함이 서로 필요하다. 공감 능력이 결여되거나 타인을 전혀 신경 쓰지 않는 사람들은 이런 관계에 진입할 수 없을 것이다. 그들은 오직 효용이나 기쁨에 기초한 관계만을 찾아다닐 것이다. 그런데 역설적으로 이 제3의 유형의 우정 및 필리아에 진입하면 우리는 나머지 두 가지, 즉 효용 및 기쁨 역시 얻을 수 있다. 이것들은 자동으로 포함되는 내용이다. 하지만 그러려면 친밀함이 필요하다. 상대를 온전한 한 사람으로 보아야 한다. 우리가 하나의 시간 속에 하나의 삶을 사는 한 명의 사람이라는 사실을 인정한다면, 삶의 다른 부분에서 하는 것처럼 직장 내 인간관계에서도 똑같은 포부를 가지면 안 될까? 일관성을 가지고 똑같은 기준을 적용하면 안 되는 걸까? 상사나 내가 책임지고 있는 직원들에게도 필리아를 형성하도록 노력하면 안 될 이유가 있을까?

부하 직원의 고용 상태를 끝내버릴 수도 있는 힘을 가진 상사와 직원 사이의 관계는 본질적으로 비대칭적일 수밖에 없다면서 이런 생각에 반대하는 사람도 있을 것이다. 계속 이어질지 어떨지, 내가 준 만큼 받을 수 있을지 내가 전혀 통제할 수 없는 상사와의 관계에 왜 그런 위험을 무릅쓰는가? 그 어떤 관계에서든 우리가 절대적으로 동등할 수 있다는 생각은 어불성설이다. 동료 사이든 배우자나 친구, 애인 사이든 완전한 균형을 이루는 상태는 결코 없을 것이다. 동등이란 원래 수학 세계에서 유래한 개념이다. 두 가지가 정확히 같은 무게를 가지거나 같은 길이를 갖는 것을 표현하는 말이다. 그러나 현실적으로 인간 세계에서는 서로를 늘 '똑같이' 사랑할 수는 없다. 한쪽이 다른 한쪽에 똑같이 의존하는 일은 벌어지지 않는다. 양쪽이 똑같은 힘을 갖거나 똑같이 아름답거나 똑같이 똑똑할 수는 없다.

모든 인간관계는 신뢰에 기초한다. 우리는 위험을 무릅쓰고 내 몸과 마음을 상대에게 내놓는다. 실패할 위험, 나의 잠재력 심지어 나의 사랑을 낭비할 위험을 무릅쓴다. 그러나 위험을 무릅쓸 때 약간의 이성만 수반된다면 그에 상응하는 보상을 받을 기회도 생길 것이다. 노동 시장 저 밖에 어딘가에 나의 신뢰를 그대로 신뢰로 갚아주고 공감과 사랑으로 나를 이끌어줄 상사가 존재할 가능성을 인정한다면 그 사람을 향해 나아가지 않을 이유가 없을 것이다. 내 경우에는 그렇게 하지 않을 때의 위험성이 그렇게 하고도 실패할 위험보다 훨씬 더 크다.

이렇게 하려면 성적이나 학점, 기술보다 성격이나 윤리, 덕목을 강조하는 채용 절차가 요구된다. 어떻게 취득하고 어떻게 성취했느냐가 그 가치를 결정한다는 점에서 성적이나 학점은 돈과 비슷하다. 인간성과 자기 인식을 감소시키는 방식으로 성적이나 학점을 얻었다면 그 가치는 줄어든다. 다시 말해 채용의 출발점은 잠재적 후보에 대한 진정한 감수성, 그 사람에 대한 사랑이 되어야 한다. 삶에 대한 나의 목적과 상대의 목적 사이에 겹치는 부분이 있는지 인식하거나 적어도 그에 대한 호기심이 있어야 한다. 이렇게 상호 윤리적인 요구가 있어야 인간관계는 단순히 실용적인 것이 아닌 실존적 출발점을 갖게 되며 단기적인 만족이나 행복이 아닌 의미 있는 삶을 만들어갈 수 있다.

고대 그리스인들은 사랑의 수많은 얼굴과 뉘앙스를 설명하기 위해 아주 다양한 개념들을 사용했다. 그중 세 가지가 특히 중요한데 각각 아가페agápe, 스토르게storgé, 필리아phiía이다.

아가페는 동료 인간에 대한 에로틱하지 않은 사랑이다. 자기희생적이고 헌신적인 사랑으로 이웃에 대한 보편적 사랑이다.

스토르게는 자연스럽고 본능적인 사랑, 예컨대 자녀와 부모 사이의 사랑이다.

필리아는 두 사람 사이의 동등한 사랑을 말한다. 존경에서 나오는 사랑이고, 깊고 진실한 우정이며, 솔메이트 사이의 유대감 즉 사랑과 우정에 기초한 유대감이다.

# 5장

# 의미 있는 일터는 어떻게 만들어지는가

# IQ vs EQ vs MQ

1915년 5월 7일 아일랜드 앞바다에서 독일의 유보트U-boat가 어뢰를 쏘아 영국의 여객선을 침몰시켰다. 리버풀에서 뉴욕으로 향하던 승객 1,200명이 죽었고 그중에는 128명의 미국인도 있었다. 당시 미국은 유럽에서 불붙고 있던 전쟁에 대해 중립적인 자세를 유지하고 있었다. 복수를 하자는 미국인들의 요구가 커짐에도 우드로 윌슨Woodrow Wilson 대통령은 입술을 꽉 깨물고 전쟁보다는 외교적 해법을 모색하자고 했다. 미국 상선 7척을 더 잃고 가로챈 전보를 통해 멕시코가 미국 남부를 침략하는 것을 독일이 지원하려 했다는 사실이 드러난 후에야 윌슨 대통령은 마침내 1917년 봄 독일에 대한 전쟁을 선언했다.

당시 미국이 동원할 수 있는 육군은 30만 명 정도로 1,100만 대군을 자랑하는 독일 육군에 비하면 미미한 숫자였다. 따라서 미국 정부는 18세에서 45세 사이의 남자 280만 명을 징집하기로 했다. 상황의 긴급성에 따라 기준을 낮출 수밖에 없는 형편이었지만, 그래도 여전히 징집병이나 자원자 중에 누가 실제로 복무에 적합하고, 만약에 복무한다면 어디서 어떤 식으로 복무할지 평가의 문제가 남아 있었다. 갑자기 수백만 명의 신병이 필요했으므로 군대의 다양한 직무에 맞는 징집병들을 검증하고 분류하는 일이 행정부의 역량에 맡겨졌다. 한 번도 해본 적 없는 대규모 지능 검사가 필요했고 이를 개발하기 위해 심리학자들이 소환됐다. 전쟁 동안 200만 명에 이르는 미국의 징집병들이 수학이나 논리학, 일반 지식과 같은 주제에 대한 테스트를 받았다. 복무에 적합한지, 어떤 직무가 가장 잘 맞을지 알아내고, 훌륭한 장교가 될 사람들을 찾아내기 위해서였다.

야만적이고 끔찍한 전쟁이었지만, 한편으로 전쟁은 심리학에서 실용적인 획기적 돌파구가 마련되는 길을 닦았다. 지능 검사에 대한 여러 이론을 실전에서 대규모로 테스트해볼 수 있는 기회가 되었기 때문이다. 전쟁이 끝난 후 심리학계는 인정을 받고 자금 지원을 얻어내기가 훨씬 더 쉬워졌다. 눈에 보이는 매우 실용적인 방식으로 심리학의 가치를 이미 증명한 덕분이었다.

독일의 심리학자이자 철학자인 루트비히 빌헬름 슈테른Ludwig

Wilhelm Stern은 논리 검사에 기초해 검사 대상자의 정신 연령을 계산할 수 있는 시스템을 개척했다. 당시에는 정신 연령을 실제 나이로 나누어 100을 곱했는데, 그는 이 결과를 '지능 지수' 또는 'IQ'라고 불렀다. 만약 검사자의 정신 연령이 실제 나이와 같다면 IQ는 100이었다.

이후 IQ 테스트는 압도적으로 가장 많이 연구되고 널리 사용되는 인간 지능 측정법이 됐다. IQ 테스트는 제1차 세계대전 기간에 도입된 이후 온갖 교육 기관과 직장으로 전파됐고 지금까지도 가장 많이 사용하는 지능 지표가 됐다. 실제로 더 높은 교육 기관에 입학하거나 채용이나 임명 과정에서 이런 종류의 테스트를 피하기는 어렵다. 그러나 제1차 세계대전 도중에도 이런 테스트가 개인의 능력을 측정하는 데 믿을 만한 방식인지 의문은 제기되었다. IQ 테스트는 얼마나 똑똑한 방식일까? 애초에 개인의 지능처럼 추상적인 것을 단순한 하나의 숫자로 표현하는 것은 물론 측정하는 것 자체가 가능한 일일까?

잠재적으로 채용할 수 있는 사람이 수백만 명은 되고 지원자도 수백 명이라면 간단한 테스트나 대학 평점 등을 활용해 사람들을 걸러내고 최고의 후보를 찾는 데 집중하는 게 편리하고 효율적이긴 하다. 그러나 여기서 '최고'라는 단어는 한 가지 특정 유형의 지능을 마스터한 사람들을 가리킨다. 주로 논리적으로 생각하는 능력을 가리키는 지능 말이다. 이런 측정법이 성공을 거뒀다는 것은 전통적으로 우리가 IQ가 나타내는 것을 기초로 지식 기반 직무에 종사하는 직원들을 찾고 있었고 그들에게 동기를 부여할 방법을 원했다는 뜻이다. 다시 말해 이런 인지 능력은 성공적인 삶을 사는 최고의 기준이 됐다. 결국 우리는 우리가 측정했던 것을 손에 넣는다. 특정 기술을 연마했을 때 원하는 것을 얻을 확률이 높아진다는 사실을 알고 있다면 우리는 그 기술을 연마하는 데 집중할 것이다. 그게 암산이었든, 한 손으로 손뼉치기였든 간에 말이다. 고용주의 쇼핑 리스트에서 문제 해결 능력이 제일 윗단에 있다면(세계경제포럼에 따르면 실제로도 그렇고 2022년에도 그럴 것이라고 한다)[46] 잠재적 직원들은 바로 그 능력을 습득하거나 개발하려고 할 것이다.

노동 시장이 우리에게 기대하는 사항은 금세 우리가 노동 시장에 기대하는 사항이 된다. '지적 자극을 받는 것' 말이다. 전통적으로 기업이나 단체의 교육은 직업적, 기술적 개발과 학습을 지원하는 것이 중심이었다. 직원들에게 지적 자극을 제공하는 게 중요했다. 왜냐하면 직원들의 주된 업무 내용이 바로 그런 지적 자극이기 때문이다. 여기에는 지식과 자원에 접근하고, 뚜렷한 목적과 역할, 기대를 갖는 것 등이 포함됐다.

물리학 천재 알베르트 아인슈타인은 지능 검사를 받은 적이 없는 것으로 알려져 있다. 그가 한 번이라도 지능 검사를 받았다는 증거는 전혀 없다. 그러나 아인슈타인은 노벨상을 수상한 과학자이고 그의 업적은 우리가 우주를 이해하는 기초가 되었다는 사실을 고려

한다면, 아마도 그의 IQ는 평균보다는 훨씬 높았을 거라고 생각하는 것이 합당할 것이다. 그러나 아인슈타인은 지능에 대해 제1차 세계대전 징집 검사에 표현된 것보다는 복잡한 생각을 가지고 있었다. 그는 이렇게 말했다. "아이가 똑똑하길 바란다면 동화책을 읽어주세요. 아이가 더 똑똑하길 바란다면 동화책을 더 많이 읽어주세요."[47] 아인슈타인은 또한 지능을 측정하는 주된 수단은 변화하고 발전하는 능력이 되어야 한다고 생각했다. 따라서 지능의 가장 중요한 지표는 논리도 아니고 지식도 아니고 '상상력'이었다.

그러나 오늘날 취업 시장에서 고용주에게 매력적으로 보이려면 더 이상 지적 자극을 받거나 똑똑한 것만으로는 안 된다. 적어도 1차원적인 인지적 의미에서는 아니다. 세계 경제 포럼이 조사한 세계 최고 기업들의 HR 담당 경영자나 전략 담당 경영자들의 의견에 따르면 최근에는 '창의성'이나 '정서 지능' 같은 특징이 가장 원하는 직원의 특징 10위 내에 이름을 올렸다.[48] 2022년까지도 이런 경향은 지속될 것으로 보인다. 우리는 오랫동안 지능을 달리 이해할 방법을 모색해왔고 '정서 지능'이라는 개념도 그 일환이다.

정서 지능Emotional Quotient, EQ은 본인이나 타인의 감정을 잘 이해하고 대처하고 처리하는 능력이다. 정서 지능은 자기 인식, 협동, 공감 능력과 관련된 지능에 훨씬 큰 강조점을 둔다. 정서 지능을 통해 우리는 '일'이 정체성을 창조하고 정서적, 사회적 관계를 맺게 하는 무언가라는 사실을 뚜렷이 인식하기 시작했다. 그래서 정서 지능은 현대 관리자들에게 중요한 도구이자 성격적 특징이 된다. 현대 관리자들은 정서 지능을 활용해 이런 욕구를 자극하는데, 이 욕구는 여러모로 행복 추구와 닮아 있다. 일은 이제 경험과 인간관계, 소속감의 원천이 되어야 한다. 단순히 기술적, 직업적 수준을 발전시키고 자극하는 것으로는 안 되고, 정서적이고 사적인 방식으로 마음을 울려야 한다.

1977년 에이브러햄 절레즈닉은 관리와 리더십을 구분했다. 이는 IQ 기반의 사고를 잠시 멈추고, 보다 사회적이고 정서적인 방향으로 성공이나 지능을 이해하려는 움직임을 보여주는 사례다. 절레즈닉 못지않게 논란을 일으킨 두 번째 돌파구가 마련된 것은 1983년 하버드대학교의 하워드 가드너Howard Gardner 교수가 다중 지능multiple intelligences에 관한 이론을 발표했을 때다.[49] 그는 전통적인 지능 측정 방식에 이의를 제기하고 훨씬 더 종합적인 이해를 촉구했다. 예를 들어 아인슈타인이 정말로 마이클 조던보다 똑똑했을까? 학문적 의미에서는 그렇다. 하지만 아인슈타인에게 수비를 하면서 상대 선수가 따라붙지 않은 팀원에게 공을 패스하라고 했다면 잘 해내지 못했을 가능성이 매우 높다. 따라서 지능에는 여러 형태와 크기가 있는 것이 틀림없다. 정확히 말하면 8가지가 있다. 가드너는 논리적, 수학적 지능 외에도 언어 지능, 음악 지능, 신체 지능, 시각 지능, 대인 지능, 자기이해 지능, 자연탐구 지능이 있다고 했다.

나중에는 그는 아홉 번째 지능을 추가할까 고민했다. 삶의 의미를 성찰하는 능력인 실존 지능이 그것이었다. 가드너는 실존 지능의 필요성에 대해서는 확신하지 못하고 있으나, 더 이상 IQ를 가장 집요하게 옹호하는 사람은 아니다. 2013년 컨설팅회사 매킨지는 IQ와 EQ에 의미 지수Meaning Quotient, MQ라는 것을 추가하면서, 직원들이 한층 더 노력할 동기가 될 수 있는 최선의 방법이라고 설명했다.[50] 매킨지는 현재 또는 미래 세대는 그 어느 때보다 일이 삶의 의미를 찾게 도와주길 기대할 것이라며 이는 세상을 위해서도 필요한 일이라고 했다. 관리자가 가질 수 있는 가장 중요한 성격적 특성은 IQ나 EQ가 아니라 MQ다. 남들이 자신이 하는 일을 통해 삶에서 의미를 찾을 수 있게 도와주는 능력 말이다.

그렇다고 해서 우리가 인지적 자극이나 정서적 이해를 내다 버려야 한다는 뜻은 아니지만, 우리가 숭배했던 이 두 가지가 우리를 약속한 목적지로 데려다주지 않은 것도 사실이다. 오히려 우리에게 필요한 종류의 지능, 정서, 재주는 오직 MQ만이 제공할 수 있다.


## 의미 지수, MQ

우리는 인간의 잠재력을 인도하고 실현하는 방식에서 근본적 변화가 필요하다. 또한 관리를 제공하는 측면에서도, 우리가 사는 삶을 위해서도 필수 기준으로서 의미를 체계화하고 수치화해야 한다.

IQ나 EQ로는 충분치 않다. 그렇지만 MQ 뒤에는 과연 무엇이 있을까? 간단히 질문을 하나 해보자. 다음 중 가장 의미 있는 일을 하는 사람은 누구인가? 매일 이윤을 내기 위해 컴퓨터 앞에 앉아 온갖 에너지를 사고파는 에너지 거래상인가, 아니면 매일 북아프리카의 굶주린 사람들을 위해 구조 물품을 가져다주는 구조 요원인가?

다소 놀랍지만 정답은 에너지 거래상이다. 적어도 2016년 내가 동료들과 함께 실시한 분석 결과에 따르면 그렇다.[51] 우리는 에너지 거래 회사 덴마크상사Danske Commodities가 몇몇 NGO 노동자들보다 더 높은 MQ를 가진 것을 발견했다. 어떻게 이런 일이 가능할까? 답을 찾기 위해서는 먼저 MQ의 본질을 온전히 이해할 필요가 있다.

많은 독자가 의미가 순전히 주관적이라는 생각에는 반대할 것이다. 물론 옳은 생각이다. 모든 감정은 주관적이다. 그러나 일을 의미 있게 만드는 그 주관적 감정들을 살펴보면 분명한 패턴이 드러난다. 과학 기사 및 연구 결과 등 광범위한 문헌 검토를 통해 우리 연구 컨설팅 회사 볼룬타스Voluntas는 MQ를 네 가지 주요 요소로 정리했다. 일에서 의미를 느낄 수 있게 해주는 가장 중요한 네 가지 동인動因은 목적, 소속감, 개인적 성장, 리더십이었다. 이 네 가지가 결합되면 일터에서 의미가 싹틀 수 있는 가장 비옥한 조건이 형성됐다.

**목적**

첫 번째 동인은 강력한 목적이다. 즉 이 조직이 세상에 어떤 변화를 만들려고 하는지 분명히 아는 것이다.

2,000여 년간 존재하면서 약 20억 인구라는 '고객 기반'을 유지한 조직이 과연 몇이나 될까? 종교의 교파를 회사와 비교하는 것은 다소 불공정할 테고 여러 측면에서 바티칸은 좋은 예라고 할 수 없지만, 사업체를 소유하고 있거나 기업을 하는 사람이라면 누구나 최고 경영진의 한 형태로 로마 가톨릭교회와 바티칸을 연구해볼 필요가 있다. 가톨릭교회는 단순한 종교가 아니다. 수백 년 이상 중요한 기관으로 살아남은 글로벌 조직이다.

바티칸의 역할은 회사의 고위 경영층의 역할과 크게 다르지 않다. 바티칸도, 비록 실존적 내용이긴 하지만, 매일 결과물을 내야 한다. 지지자들이 계속해서 가톨릭을 의미 있다고 보고 느낄 수 있게 만들어야 하는 것이다. 그리고 이런 노력에 있어서 바티칸은 그동안 성공의 길을 걸어왔다. 대체 어떻게 한 걸까? 가장 먼저, 바티칸의 목적은 단순히 자체 금고를 채우는 것보다 훨씬 먼 곳까지 뻗어나간다. 간단히 말해서 바티칸은 수백 년간 수없이 많은 사회적 변화를 거치는 동안에도 가톨릭교가 개인들에게 중요한 존재로 남게 하는 데 성공했다. 교회는 재무 실적을 기준으로 운영되는 단체가 아니라 언제나 모든 가톨릭 교도의 삶에 의미를 더해주어야 한다는 실존적 요구를 바탕으로 운영된다. 가톨릭교회가 이 일을 해내지 못하면 더 이상 가톨릭교도는 존재하지 않을 것이다.

기업이나 단체 역시 비슷한 형태로 조직되어야 한다. 포부로 보나, 기간으로 보나 단순히 다음 분기 실적 이상의 어떤 목적을 중심으로 조직되어야 한다. 관리자들 특히 고위 경영자나 사업주는 스스로 이렇게 자문해보아야 한다. "뭐가 핵심인가? 우리는 왜 존재하는가? 우리는 누구를 위해 변화를 만들어내는가?" "당신은 누구인가?"라는 질문을 받았을 때 개인이 답할 수 있어야 하는 것 못지않게 기업 역시 답할 수 있어야 한다.

주주의 주머니를 채워주는 것만으로는 충분치 않다. 앞으로 매력적인 일터가 되고 싶은 조직이라면 어디든 그 목적을 진지하게 생각해보아야 한다.

딜로이트Deloitte에서 실시한 어느 조사에 따르면 밀레니얼 세대 응답자의 70퍼센트 이상이 고용주가 사회적 문제 해결에 초점을 맞추기를 기대했다.[52] 실제로 그중 절반은 더 높은 연봉을 받는 것보다 목적이 있는 회사에서 일하겠다고 말했다. 물론 돈을 버는 것은 여전히 매우 중요하다. 이는 선결 조건이자 필수 불가결한 사항이다. 사업에서 돈이란 산소와 같은 것이다. 돈이 없으면 기업은 숨을 쉴 수가 없다. 그러나 아무 희망도 없이 완전히 시시하고 하찮은 삶을 사는 것, 다시 말해 의미 없이 사는 것이 우리의 유일한 포부가 아닌 이상, 결코 숨쉬기 자체가 목적이 되어서는 안 된다. 목적이 아무리 훌륭해도 매출이 없다면 기업은 살아남지 못할 것이다. 그러나 오로지 이윤만을 추구하는 것은 진정으로 투쟁할 만한 목표라고 할 수 없고, 장기적으로 가능하지도 않을 것이다. 적어도 수백 년이 흐르도록 바티칸이 가톨릭교회의 수뇌부로 살아남아 중요성을 유지하고 있는 것은 결코 이윤 추구 덕분은 아닐 것이다.

분명한 목적은 모든 관리자에게 방향을 알 수 있는 북극성이 된다. 직원들에게 그 목적을 분명히 전달한다면 직원들의 일에 의미가 생긴다. 단순히 그날그날의 임무가 차지하는 기능적 역할이 아니라 내가 어떤 변화에 이바지하고 있는지 이해하고 나면 일에 에너지와 방향성이 생긴다.

직원들이 그렇게 느끼려면 경영층이 조직의 목적을 쉽게 이해할 수 있는 방식으로 만들어서 소통해야 한다. 그리고 그 내용은 일상적 업무에도 반영되어야 한다. 그렇지 못하다면 조직의 목적은 진정한 울림을 주지 못할 테고 직원들은 단순한 마케팅 쇼처럼 조직의 목적을 비웃을 수도 있다.

분명한 목적을 갖는 것이 얼마나 의미 있는 일인지 나도 직접 목격한 적이 있다. 2012년과 2013년, 세계에서 가장 큰 풍력 발전용 터빈 제조사 중 하나인 베스타스Vestas는 창사 이래 최악의 위기를 맞았다. 우리는 직원의 약 3분의 1에 해당하는 6,500명을 정리 해고하겠다고 발표했다. 다시 말해 우리는 매장 직원들이 내일도 과연 자신에게 직장이 있을지, 회사가 살아남을지 아니면 해외의 어느 투자자에게 넘어가버릴지 확신할 수 없는 현실을 만들어냈다.

어지간한 글로벌 조직이 다들 그렇듯이 우리도 수치화할 수 있는 것은 무엇이든 측정했다. 상황을 고려하면 이 과정에 어떤 열정이 있기는 힘들었음에도 한 가지가 나를 놀라게 했다. 우리가 사람들을 해고하고, 또 해고하고, 또 해고했음에도 남은 사람들은 여전히 의무감과 강한 직업 윤리를 보여주었다는 점이다. 사실 그 난리 법석이 직원들의 업무 질에는 아무런 영향도 끼치지 않는 듯했다. 직원들은 여느 때와 다름없이 열심히 일했다. 우리는 회사의 전략에 자신이 있기 때문이냐고 물어보았는데 그들은 아니라고 했다. 사실 회사의 전략이 실제로 무엇인지 아는 사람은 거의 없었다. 경영진에 대해 자신이 있기 때문이냐고 물었지만 이번에도 답은 공손히 말해서 "아니다"였다.

이게 나의 호기심을 자극했다. 그토록 야만적이고 불확실하고 어느 모로 보나 의미 없는 시기에 왜 그들은 여전히 충성심을 유지하며 열심히 일하는 걸까? 두 가지가 두드러졌다.

하나는 직원들이 자신들이 만드는 제품을 극도로 의미 있다고 생각한다는 점이었다. 베스타스의 '목적' 즉 풍력 기술을 제공해 전 세계 에너지 구조를 바꾸고 기후 변화에 맞서 싸우는 데 도움을 주는 것은 직원들에게 삶의 의미를 주었다. 직원들은 자신이 더 큰 무언가의 일부라고 느꼈고 자신이 하는 일이 이 지구가 직면한 가장 큰 문제 중 하나를 해결하는 데 직접적으로 기여하고 있다고 생각했다. 직원들은 회사의 전략이 무엇인지 잘 모를 수도 있고 경영진을 동네 중고차 딜러보다 더 신뢰하지 않을 수도 있었지만, 자신이 하는 일이 궁극적으로 중요하다는 사실은 알고 있었다. 그 의미가 직원들에게는 무척 중요한 것이 분명했다. 이 점을 깨달은 나는 베스타스의 목적이 언제나 뚜렷할 수 있는 방식으로 경영진이 회사를 운영했던 것이 아닌가 되돌아보게 됐다.

두 번째 요소는 직원들이 동료들에게 느끼는 '소속감'이었다. 다시 말해 직원들은 주주나 경영진이 아니라 서로를 위해 매일 출근하고 있었다. 나는 경영진이 동료들 사이에 사회적 공동체와 플라토닉 사랑을 장려하기 위해 많은 일들을 했었나 되돌아보게 됐다.

## 소속감

더 큰 맥락에서 타인을 위한 변화를 만들어내고 싶은 욕구는 인간의 경험이 점점 더 글로벌하게 변하고 있다는 자각과 불가분하게 연결된다. 다른 사람들과의 소속감은 우리가 의미를 경험할 때 빠질 수 없는 부분이다. 삶이 쪼개질 수도, 나눠질 수도 없다는 사실을 인정한다면, 남들이 있는 그대로 나를 이해하고 받아들이는 것이 중요하다는 사실 역시 인정해야 한다. 그저 동료나 부모, 직원으로서가 아니라 인간으로서 나라는 사람을 말이다.

따라서 서로에 대한 상호 인정으로부터 탄생하는 사회적 관계는 관리자들에게 중요한 고려 사항이 된다. 우리는 사회적 공동체를 함께 만들고 뒷받침해야 할 우리의 책임을 극히 진지하게 받아들여야 한다. 관리자가 테이블 게임기를 구매하고 수요일마다 케이크를 사와야 한다는 얘기가 아니다. 그와는 거리가 멀다. 그런 부가적인 혜

택들은 일시적 만족을 가져올 뿐이며 순간적 행복을 제공하는 것은 관리자의 주된 업무가 아니다. 오히려 중요한 것은 모범을 세우고, 정직하고 존중하며 관심을 갖고, 직원들이 서로를 알아갈 수 있는 업무 환경을 만드는 것이다. 바로 이런 환경이 직업적인 관계를 넘어서는 인간관계가 싹틀 수 있는 비옥한 토대가 된다. 내가 할 수 있는 일과 할 수 없는 일, 내 생각과 신념을 안심하고 서로 이야기할 수 있는, 동등함과 친밀함을 기초로 한 공동체가 만들어질 수 있는 토대 말이다. 그런 공간에서는 겉보기에 대단하지 않은 사람들이 모여 있다 하더라도 인상 깊은 아이디어와 결과를 만들어낼 수 있다.

일에서 의미를 느끼게 만들어주는 동인으로서 소속감이 마치 조각 그림 맞추기의 잃어버린 한 조각처럼 첫날부터 주어진 맥락에 딱 들어맞는 것을 뜻하지는 않는다는 사실에 유의해야 한다. 그에 못지않게 중요한 것은 나의 가치관과 덕목들이 회사가 꿈꾸는 가치나 덕목과 융합되어가는 것을 경험하는 것이다. 다시 말해 일터의 세계관과 기본적 이상이 나의 세계관이나 기본적 이상과 조화를 이루어야 한다.

관리자들은 위에서 언급한 특성들을 보여주는 공동체를 확립하도록 노력해야 한다. 이런 맥락에서 관리자는 조직의 덕목을 분명하게 표현하고 거기에 따를 수 있어야 할 뿐만 아니라 직원들이 자신도 어떤 역할을 수행하고 있다고 느끼도록 만드는 것이 절대적으로 필요하다. 직원들은 자신이 다른 사람에게 의미가 있고 공동체에 이바지하고 있다고 느낄 수 있어야 한다.

북유럽에서 가장 빠르게 성장하고 있는 소매업 브랜드 중 하나인 조앤더주스 Joe & The Juice 같은 기업은 직원들과 직장 사이에 강력한 소속감을 만들어내는 방법을 보여주는 빛나는 예시다. 밖에서 보면 그저 시끄러운 주스 바처럼 보이지만, 실제로 이곳은 경제적, 문화적, 지리적, 인종적 경계를 초월한 젊은이들의 생동감 넘치는 공동체다. 여기서 내가 아주 깊은 이해관계자라는 사실을 밝히지 않을 수 없다. 영광스럽게도 나는 2016년부터 이곳의 부회장으로 있기 때문이다. 이 역할 덕분에 나는 회사의 구석구석을 모두 들여다볼 수 있었고, 수백 개의 매장과 수천 명의 직원을 둔 이 회사가 어떻게 성공을 이뤘는지 직접 목격했다.

조앤더주스의 기업 선언문은 다음과 같다.

"우리는 사람과 일터가 만나는 지점에서 유례없는 수준의 의미를 전달하는 문화를 개발하는 데 힘쓴다."

이 말들은 그대로 생생하게 살아났다. 그동안 조앤더주스는 대체로 직원들을 중심으로 조직됐다. 회사를 중심으로 직원들이 조직된 것이 아니고 말이다. 이 말은 실제로 회사 고위 경영층의 모든 구성원이 한 명만 제외하고는 모두 내부에서 발탁되었다는 뜻이다. 거의 모든 고위 경영진은 주스 착즙기 뒤에서 커리어를 시작했고, 회사와 함께 성장하고 발전할 기회를 얻었다.

조앤더주스의 주원료는 신선하게 짜낸 주스나 큰 소리의 음악이 아니라 인간의 잠재력이다. 조앤더주스는 여러 곳에 새로운 지점을 내고 직원들에게 일 외에도 흥미로운 것들을 탐구할 기회를 많이 제공해주었다. 조앤더주스는 주택과 아파트 건물에도 투자해 집에서 멀리 떨어진 곳에서 근무하는 직원들이 한 지붕 아래에 살 수 있게 했다. 사내 교육 프로그램은 IQ 중심의 학습 환경에서는 잘 해내지 못하는 젊은이들이 채용될 수 있고 희망을 가질 수 있는 지식과 기술을 습득하게 한다. 사람을 채용하고 승진시킬 때 기술적인 능력은 두 번째이고, 회사가 가장 중시하는 것은 후보자의 태도다.

조앤더주스 역시 힘든 노동과 효율적인 공급망 위에 세워진 회사다. 그러나 조앤더주스가 지난 10년간 기업 문화를 손상시키지 않으면서도 매년 거의 50퍼센트씩 성장할 수 있었던 것은 회사의 실존적 면역 시스템 덕분이다. 이게 가능했던 이유는 모든 의사 결정이 직원들 사이의 사회적 공동체를 최대한 자극하는 것을 목표로 내려졌기 때문이다. 직원들이 서로 함께 일하는 것을 의미 있다고 느낀다면 그 점은 매출에도 반영될 거라고 판단한 것이다. 의미에 맹렬하게 초점을 맞춘 결과 그 부산물로 매출이 따라온 것이지, 그 반대 순서가 아니다.

**개인적 성장**

일에서 의미를 느끼도록 만들어주는 네 가지 동인 중에서 세 번째는 개인적 성장이다. 2015년 몬트리올대학교 연구진은 우리가 점점 의존하고 있는 자기계발서에 관한 설문 조사를 실시했다.[53] 이들 책은 정말로 우리 삶을 개선해줄까? 연구진은 30명의 설문 참가자를 두 그룹으로 나누었다. 절반은 자기계발서를 열심히 읽는 사람들, 나머지 절반은 그렇지 않은 사람들이었다. 자기계발서를 읽는 사람들은 모든 건강지표(스트레스 수준, 자제력, 인내심)에서 눈에 띄게 저조한 점수를 기록했다. 일을 커다란 자기계발서 한 권으로 변환하는 것은 좋은 아이디어가 아니라는 점을 시사하는 내용이었다. 그러나 자기계발서의 인기가 날로 늘어난다는 사실은 우리가 전에 없이 어떤 안내자를 찾고 있음을 가리킨다. 더 많은 것을 지시해줄수록 더 좋다.

그렇다면 직장인들은 왜 이런 책을 읽는 데 점점 더 많은 여가 시간을 사용하고 있는 걸까? 답은 분명해 보인다. 일은 우리에게 월급과 컴퓨터 그리고 어쩌면 신선한 과일을 줄 수도 있다. 하지만 자기계발의 기회를 반드시 제공하는 것은 아니다. 삶에 의미를 느끼기 위해서는 일이 우리가 아끼는 사회 공동체에 대한 접근권과 자랑스럽게 일할 수 있는 조직의 목적을 제공해야 할 뿐만 아니라 매일 나 자신과 나의 능력, 내 주변에 관해 조금씩 더 알아간다는 느낌을 주어야 한다.

직장에서 일을 하면 할수록 당신의 잠재력을 이해하고 실현하는 것으로부터 조금씩 더 멀어진다면 삶에 무슨 의미가 있을까?

너무나 많은 일터가 자기 계발을 기다란 목록의 사내 교육 및 기술 업그레이드 옵션과 동일시하는 경향이 있다. 그러나 우리가 오직 하나의 삶을 산다는 전제로, 그리고 의미를 기초로 직원들을 관리할 거라면 직원 개발의 개념을 다시 생각해보아야 한다. 우리는 직업적 개발과 자기 계발 모두에 초점을 맞춰야 한다. 다시 말해 직원 개발이 아니라 인간의 잠재력을 실현하는 것으로 옮겨가야 한다. 관리자로서 성공의 주된 기준은 직원들이 자신의 장단점과 특히 잠재력을 잘 이해하도록 돕고 그를 바탕으로 직원들의 성장을 지원하는 것이 되어야 한다. 다시 말해 우리는 직원들이 자기 인식을 키우도록 도와야 한다. 그래야 자기 존중으로 이어질 것이기 때문이다.

직원 개발은 끈기 있게 자기 존중의 다리를 오르는 것이 아니라 힘겨운 커리어의 장대를 최대한 빨리 올라가는 데 초점을 맞추는 경우가 너무나 많다. 이런 식의 패러다임은 우리가 기업의 안내 데스크에 근무하든 초등학교 선생님이든 가리지 않고 새로운 기술을 배우라고 끊임없이 부추긴다. 우리 자신을 알아내고 매일 최대한 많은 존엄과 의미를 갖고 살라고 말하는 게 아니고 말이다. 하지만 그렇게 서둘러야 할 이유가 무엇인가? 지금 우리는 그 어느 때보다 긴 수명을 갖게 됐고 이전 세대들보다 더 오래 일해야 할 것이다.

그러니 마음을 푹 놓아라. 우리의 직업적, 기술적 포부를 실현할 시간은 얼마든지 있다. 그러나 우리가 언제까지일지 모를 기간을 일해야 할 것이라는 바로 그 점 때문에 삶의 실존적 차원을 최대한 빨리 이해하는 것이 더욱 중요해진다. 그 어떤 자기 최면에 관한 책보다, 회계나 금융에 대한 수많은 수업보다, 인생의 방향을 헤쳐나가는 데 도움이 될 것은 바로 이 도구들이다.

덴마크에 있는 호센스Horsens 의회는 남보다 한발 앞선 조치를 취했다. 호센스 의회의 '장애, 정신 건강, 사회 취약성' 담당 부서는 이제 MQ를 사용해서 500명 직원들에게 전체적으로 초점을 맞추려고 노력하고 있다. 호센스 의회의 핵심 목적은 심리적, 신체적, 사회적 문제를 가진 사람들이 본인들의 니즈와 꿈과 희망, 목표를 반영하는 삶을 살 수 있게 돕는 것이다. 공공에 이런 종류의 지원을 제공하려면 내부적으로도 인간 본성에 대한 똑같은 관점을 반영해야 한다. 간단히 말해서 호센스 의회는 직원 및 호센스의 10만 주민들이 자신의 인간적 잠재력을 성취할 수 있게 돕는 것을 목표로 삼고 있다.

나는 이 과정을 옆에서 지켜보았는데 참여하는 모든 사람에게 아주 유익한 조치였다. 처음에는 부서 관리자들의 MQ에 초점이 맞춰졌고, 그다음에는 어떻게 하면 의회 직원들에게 일을 최대한 의미 있게 만들 수 있을까에 집중했다. 이런 식으로 진화되는 조치가 가능했던 이유는 고위 경영층에 우리가 하나의 시간 속에 하나의 삶을 사는 한 명의 사람이라는 사실을 아는 이가 있었기 때문이다. 이런 결론에 도달한 후에는 어떻게 하면 직장에서 보내는 시간을 최대한 의미 있게 만들 수 있을까 하는 질문을 스스로에게 또 서로에게 용기를 내 물어볼 수 있었다.

## 리더십

일에서 의미를 느낄 수 있게 해주는 마지막 동인은 리더십이다. 리더십은 앞서 나왔던 동인들과는 약간 다르게 이해되어야 한다. 의미에 기초한 경영 관리를 하고 싶다면 나머지 세 가지 동인을 위한 체계를 잡는 데 주력해야 한다. 일에서 높은 수준의 의미를 느끼는 사람들은 일을 관리자의 구체적 행동과 직접적으로 연관시키지 않기 때문이다. 다시 말해 관리자가 어느 직원을 위해 의미 자체를 '만들어낼' 수 있다는 증거는 어디에도 없다. 관리자는 그저 의미를 느끼기 쉬운 '체계'를 세울 수 있을 뿐이다. 그러나 직원들이 '무의미함'을 느끼지 않도록 관리자가 노력해야 한다는 사실은 분명하다. 흔히 볼 수 있는 몇 가지 리더십 함정은 직원들이 무의미하다는 기분을 느끼게 만들 수 있다. 여기에는 불공정한 처우, 직원들을 당연시하는 것, 직원들을 고립시키는 것 등이 포함된다.

경영과 의미를 진지하게 생각하는 경영자로서 이런 함정을 피하고자 한다면 직원들이 조직의 목적을 이해하고 소속감을 키우고 인간으로서 발전하고 있다는 느낌을 갖는 데 도움이 되는 체계를 세우는 데 집중해야 한다.

중요한 것은 이런 체계를 세울 수 있고, 조직의 목적에 맞춰 행동하며 사람들을 이끌 수 있고, 개인이 부서에 기여하는 바와 부서가 조직 전체의 목표에 기여하는 바를 분명하게 표현할 수 있는 관리자들을 양성하는 일이다.

이런 질문을 명확히 하는 것이 중요한 이유는 목적, 소속감, 개인적 성장 자체만으로는 의미를 창출하는 데 충분하지 않기 때문이다. 예를 들어 내가 아주 동일시하는 목적을 가진 조직에 취업했다고 생각해보자. 그날그날의 경험을 보면 경영진은 오직 재무적 성과에만 관심을 가질 뿐 목적은 아랑곳하지 않는다. 다시 말해 경영진 스스로가 직원이 조직의 목적으로부터 의미를 끌어낼 기회를 방해하고 있다.

각 개인은 상당 부분 자신의 삶을 결정할 기회를 가지고 있지만, 관리자는 직원들의 일자리와 생계뿐만 아니라 삶의 질 전반에 영향력을 미칠 수 있는 수많은 의사 결정권을 가지는 만큼 그에 수반되는 책임을 반드시 의식해야 한다. 일터는 개인이 자유롭게 자신의 환경을 결정할 수 있는 민주적 공간이 아니다. 일터에서는 리더가 체계를 잡는다. 다시 말해 직원들은 선원에 불과하고 선장이 되어 항구로 배를 몰고 가는 것은 경영진이다. 다른 세 가지 동인을 위한 체계를 세우는 것은 관리자의 책임이다.

의미를 느끼고 싶은 욕구로부터 예외인 사람은 아무도 없다. 유럽 최대의 에너지 거래 회사 중 하나인 덴마크상사가 어렵게 알아낸 바와 같이 의미는 저절로 나타나지 않는다. 밖에서 보면 덴마크상사는 기업가의 유토피아처럼 보인다. 유럽 각국이 에너지 거래

조건을 완화하면서 덴마크상사는 국경을 넘나들며 거래를 하기 시작했다. 덴마크상사의 주된 비즈니스 모델은 가격이 낮은 국가에서 에너지를 사서 다른 국가에 파는 것이다. 덴마크상사는 2004년 이후 탄탄한 사업 수완을 바탕으로 수백 개의 일자리를 창출하고 수십억 달러의 매출을 올렸다.

그러나 2014년 덴마크상사는 극적인 운명의 변화를 맞았고 직원의 4분의 1을 정리 해고하기에 이른다. 2015년 재무 상황은 반전했고 회사는 다시 오르막을 타서 창사 이래로 세 번째로 좋은 실적을 냈다. 그럼에도 경영진은 마음이 놓이지 않았다. 회사는 그 어느 때보다 빠르게 성장하며 다시 굉장한 성공을 거두고 있었지만 무언가 찜찜함이 남았다. 2015년에는 대략 다섯 명 중 한 명의 직원이 자발적으로 회사를 떠났다. 그중에는 경영진이 붙잡아두고 싶은 귀한 직원들도 있었다. 이후 조직 문화는 한바탕 소란을 겪었고 재무적으로도 불안정한 시기가 뒤따랐다. 회사에 대한 강력하고 정직한 내러티브를 바탕으로 직원들을 한 방향으로 이끌어줄 리더십의 부재가 아쉬웠다. 단순히 그날그날의 의무를 넘어서는 큰 그림을 그려줄 리더십이 필요했다.

덴마크상사의 조직 문화가 부활하는 데 큰 기둥이 된 것은 전략적 내러티브의 개발이었다. 덴마크상사는 회사의 역사와 경험, 이상, 덕목을 하나로 연결할 수 있는 선언문을 작성했다. 이 선언문은 덴마크상사가 어디서 와서 어디로 가고 있는지 의미 있는 하나의 내러티브를 중심으로 이사회에서부터 안내 데스크에 이르기까지 전체 조직을 단결시켜주었다. 직원들에게 훨씬 더 분명한 목적을 주었고, 경영진은 보다 통일된 세계관을 가질 수 있었다. 선언문은 회사가 어떤 조직 문화와 공동체를 기초로 세워져야 하는지 알려주었다. 회사는 더 이상 직원들을 잃지 않았고, '일하기 좋은 회사' 목록의 상위권에 다시 이름을 올렸으며,[54] 창사 이래로 최고의 실적을 냈다. 만약 경영진이 핵심 재무 자료에만 초점을 맞추었다면 회사의 근본적인 조직 문화에 발생한 균열을 결코 눈치채지 못했을 것이다. 그리고 그랬다면 덴마크상사의 스토리는 완전히 달라졌을 것이다.

이 네 가지 핵심 요소 즉 목적, 개인적 성장, 소속감, 리더십은 일에서 의미를 느끼게 해주는 동인이다. 구조 요원이라고 해서 반드시 이윤을 노리고 매일 에너지를 사고파는 업무보다 자신의 일이 더 의미 있다고 느끼지 않는 이유는 바로 이 때문이다. 의미란 사업의 종류나 업종의 유형에 따라 결정되는 것이 아니다. 어떤 유형의 일이든 의미 있는 일이 될 수 있는 잠재력을 가지고 있다. 이는 전적으로 네 가지 동인이 개인의 삶에 의미를 더 키워주느냐 가로막느냐, 혹은 개인이 그 사실을 의식하느냐 마느냐의 문제다. 순전히 윤리적으로만 보면 구조 요원의 목적이 더 가치 있다는 데는 의심의 여지가 없다. 식량 구호는 수백만 명의 목숨을 살리는 일이다. 그러나 그 목적이 무력감 속에서 어쩔 줄 모른다면, 혹은 리더들이 목적을 제대로 의식하지 않는다면, 내가 사회 공동체의 일원이라고 느껴지지 않는다면, 내가 발전하는 느낌이 없다면, 아무리 고귀한 목적도 실제로 의미를 만들어내기가 어려울 것이다.


## 성과 관리 2.0: MQ 분석

요즘 조직들은 사실상 측정하지 않는 게 없다고 해도 좋을 정도로 모든 것을 측정한다. 전략적, 상업적으로 중요한 모든 자원은 측정과 평가를 통해 목적에 꼭 맞는지 확인하며, 직원들에게도 같은 방식을 적용한다. 실제로 직원 복지(웰빙이든, 만족이든, 몰입감이든)를 수치화하는 것은 돈이 되는 사업이다. 경영진은 설문지, 조사, 직원 피드백을 통해 '매장의 분위기'를 수치화하고 그에 따라 대처한다.

사실 직장에서의 웰빙을 의미하는 웰빙 평가가 처음으로 고안된 것은 1960년대 경제 호황을 누리고 있던 덴마크에서였다. 당시에는 고용률이 하늘 높은 줄 모르게 높아서 기업들이 노동력을 놓고 서로 경쟁해야 했다. 직무 내용이니, 직무 만족도니 하는 개념들이 우리 어휘에 포함된 것도 바로 이 시기였다. 일이란 단순한 강제나 외적 요구 이상이 되어야 했다. 웰빙은 직원 기대의 충족으로 이해되었다. 기대가 충족되면 직원은 만족할 것이다. 정확히 무엇이 웰빙을 구성하는가에 대한 인식은 세월에 따라 강조점이 바뀌어왔으나,

그 핵심 개념만큼은 대체로 변하지 않았다. 그렇다면 우리에게는 두 가지 선택이 남는다. 임금이나 업무 시간 같은 업무 조건을 최적화하거나, 아니면 일에 대한 직원의 기대를 낮추는 것이다.

마찬가지로 국제적으로 보면 공인인력개발연구소Chartered Institute of Personnel and Development는 18년 이상의 기간 동안 직장 내 웰빙을 평가해왔다.[55] 직장 내 웰빙과 문화에 점차 초점이 맞춰지고는 있으나 우리는 아직도 왜 그토록 많은 사람이 업무 관련 스트레스에 굴복하고 마는지 제대로 답하지 못하고 있다. 그렇다면 두 가지 결론이 가능하다. 우리가 잘못된 사항들을 측정하고 있거나, 아니면 생성된 결과물이 아무짝에도 쓸모가 없는 것이다.

MQ가 만병통치약은 아니다. 그러나 상업적으로든, 실존적으로 든 조직이 잘 해내고 있는지 더 정확한 그림을 제공하는 쪽은 '의미'라는 것이 명백하다면, 그리고 의미 역시 다른 것들 못지않게 정확하게 측정할 수 있다는 게 결론이라면, 의미를 측정하지 않을 이유가 무엇인가? 의미는 혁신과 생산성, 몰입감, 직원 이탈 방지, 삶의 질에서 너무나 중요하다. 그런데 우리는 의미만 제외한 채 인간적으로나, 사업적으로나 의미만큼 중요하지 않은 다른 온갖 것들을 측정하는 데 그처럼 많은 자원을 쓰고 있다는 게 미스터리다.

요즘은 직원들에게 6개월마다 60개에서 70개에 이르는 끝도 없는 질문을 읽고 답하도록 하는 것이 예외가 아니라 원칙처럼 돼버렸다. 그러고 나면 결과를 분석하고 구체적인 행동 과제로 옮기는 데 석 달이 걸리고, 효과는 기껏해야 의심스러운 수준이다. 경영진은 통찰이라기보다는 통계에 훨씬 가까운 보고서를 잔뜩 받게 된다. 피드백 과정과 변화를 실천하는 것 사이에 시간 지연이 워낙 길다 보니, 그사이 직원들은 이미 희망을 잃거나 다음 문제로 넘어가 버리기 일쑤다.

열정적이고 열심히 일하는 사람들이 매일 아침 일선에 뛰어들어 전심전력을 다하는 것에 크게 의존하는 조직이라면, 그들의 노력이 그들에게 의미를 만들어내고 있는지 확인하는 것보다 더 중요한 일은 없다. 쌍방향으로 실존적 교환이 이뤄지는 한, 직원들을 심하게 밀어붙이는 것도 허용 가능한 일이 된다. 관리자들은 시장 점유율이 2퍼센트 올라가고 내려가는 것 때문에 잠 못 이루고 뒤척일 것이 아니라 이 문제를 훨씬 더 걱정해야 한다. 그런데 실제로는 밤에 잠을 못 잘 이유가 전혀 없다. 조직의 MQ가 올라갔는지 내려갔는지만 알아내면 되기 때문이다. 그런 다음 어느 관리자가 MQ를 높이는 데 탁월한 능력을 발휘했고, 어느 관리자는 더 집중적인 교육이 필요하거나 심지어 새로운 일자리를 찾아야 할지 파악하면 된다.

MQ처럼 비교적 모호하고 반쯤은 철학적인 지표도 여느 지표 못지않게 디지털화하고 효율적으로 측정할 수 있다. 이 경우 훨씬 적은 문항을 질문하되 더 자주 물어야 할 수도 있다. 그래야 조직의 MQ 진행 현황을 지속적으로 모니터링하고, 필요하다면 신속하게 개입하며, 인간적으로나 재무적으로나 개입의 효과를 빠르게 관찰

할 수 있기 때문이다.

측정 항목은 MQ의 네 가지 주요 기준을 바탕으로 한다.

1. 직원들이 조직의 목적을 잘 알고 신뢰하는가
2. 직원들이 스스로 성장하고 있다고 느끼는가
3. 직원들이 조직 내 다른 사람들과 정서적, 사회적 소속감을 느끼는가
4. 직원들이 리더가 명쾌하고 인간적이라고 느끼는가

다른 지표는 모두 잊어라. 만약 직원들이 매일 자신이 하는 일을 통해 삶의 의미를 느낀다면 관리자들은 꿀잠을 자도 된다. 관리자들이 조직 내에서 인간의 잠재력이 실현되도록 크게 기여하고 있는 한, 직원들은 비가 오나 눈이 오나 조직에 대한 충성심을 유지할 것이다.

하버드대학교 하워드 가드너 교수가 우리에게 알려준 가장 중요한 교훈은 지능의 종류가 과연 몇 가지냐가 아니라 지능은 우리가 훈련하고 개발할 수 있는 능력이라는 사실이다. MQ의 경우도 마찬가지다. IQ와 EQ 교육을 받은 관리자들이 하루아침에 MQ의 세계 챔피언이 되기를 바라는 것은 이치에 닿지 않는다. 그러나 우리가 교육을 제공한다면 이들도 금세 MQ의 가치를 배워서 직원들에게 강조하고 기꺼이 내부 핵심 성과 지표로 사용할 수 있다. 음악이

나 수학, 스포츠에 재능을 타고난 사람들도 연습과 개발이 필요하다. 관리자이든, 직원이든, 우리 모두는 아직 활용하지 못한 잠재력을 갖고 있다. 이 잠재력에 불을 댕기는 방법은 모든 HR 부서를 폐지하거나 아니면 적어도 '인간 잠재력 리더십Human Potential Leadership, HPL' 부서라고 이름을 바꿔야 한다는 사실을 깨닫는 게 그 출발점이 될 것이다.


# 인적 자원 경영에서 인간 잠재력 리더십으로

의미 있는 리더십에서 가장 중요한 것은 사람을 자원으로 보고 관리할 것이 아니라 잠재력을 기초로 사람들을 이끌어주는 것이다. 개인이 자신의 잠재력을 실현하고 건강한 자기 인식을 키우고 최고의 자기 자신이 되도록 돕는 것이다.

우리가 잠재력이라고 할 때 실제로 그 뜻은 무엇일까? 100미터를 10초 안에 뛸 잠재력? 과학자나 기업가, 간호사, 총리가 될 잠재력? 아니다. 이런 것들은 인간 잠재력의 핵심적 측면이 아니다. 핵심은 인지 능력을 가진 사람이라면 누구나 매일 자기 존중의 사다리를 오름으로써 삶의 의미를 정의 또는 재정의할 수 있는 잠재력을 갖고 있다는 사실이다. 오늘 내 삶의 의미에 대한 통찰과 인식을 기초로 우리는 내일 더 의미 있는 삶을 살 수 있게 나 자신을 이끌 수 있다. 누구나 이 능력을 갖고 태어나지만, 삶의 잠재력을 활성화하기 위해서는 내가 이 능력을 갖고 있다는 사실을 의식하고 이것을 실현할 의무가 있다고 느껴야 한다. 오직 그때에만 남은 생 동안 매일 자기 존중의 사다리를 오를 수 있도록 스스로를 도와야 한다고, 서로를 도와야 한다고 주장하게 될 것이다.

잠재력을 얄팍한 인센티브로 잘못 해석하면 안 된다. 잠재력은 아무리 달리고 달려도 20센티미터 앞에서 계속 달랑거리고 있는 당근이 아니다. 그런 식의 관리는 아주 파괴적인 결과를 가져올 것이다. 왜냐하면 우리는 부딪히기 전까지는 어디가 천장인지 모르기 때문이다. 잠재력은 수치화할 수 없다. 내 잠재력은 19인데 오늘 나는 17이라는 것은 말도 안 되는 얘기다. 오히려 잠재력이란 삶의 목적을 찾아내고 실현하려고 애쓰느냐의 문제다. 나는 내가 어떤 사람이 되고 싶은지, 어떤 사람은 되기 싫은지 알고 있다. 내 잠재력은 내가 정의하는 것이고, 주변 사람들은 나에게 그에 관한 정보나 도전 과제를 제공할 뿐이다.


## 워라밸이 아니라 일터의 유연성이 핵심이다

의미 있는 리더십은 워라밸이라는 개념을 거부하고 대신에 유연성을 키운다. 일과 삶 사이에 균형이란 없다. 기껏해야 불균형이 있을

뿌이다. 모든 것은 그저 삶이다. 우리는 그 삶을 일에 바칠 수도 있고, 스포츠나 사랑 기타 다른 것에 바칠 수도 있다. 삶은 일을 흡수해야 하며 일을 내 목적에 종속시켜야 한다. 우리는 일이 나의 잠재력을 실현하는 데 도움이 되고 있는지 끊임없이 측정하고 평가해야 한다. 일은 나의 MQ를 높이고 있는가, 아니면 낮추고 있는가?

의미 있는 리더십에서 중요한 것은 유연성이다. 직원들은 24시간을 살고 24시간 숨 쉬고 있지만 9시에서 5시 사이에는 꼭 최선을 다해서 사는 것은 아니라는 사실을 받아들이고 이를 염두에 둔 계획을 세워야 한다. 갤럽의 〈미국 직장 현황State of the American Workplace Report〉 보고서에 따르면, 리더는 조직 문화에 유연성이라는 요소를 잘 포함시켜야만 채용에서 경쟁력을 가질 수 있다.[56] 밀레니얼 세대의 63퍼센트는 유연 근무제를 시행하는 곳이 있다면 직장을 바꿀 마음이 있다고 말한다.

일의 친밀하고 실존적인 속성을 인정하고 나면 일은 더 이상 특정한 장소나 기술에 제한되지 않는다. 일이 더 이상 삶의 반대말이 아니라 삶의 일부라면 직원도, 관리자도 더 유연해지려고 할 것이다. 내 개인적인 삶의 목적과 고용주의 목적이 겹치는 부분이 있다면 우리는 한층 더 열심히 노력할 것이다. 일에 의미가 있기 때문이다. 일이 아무 의미가 없다면 우리는 하지 않거나 한 것을 후회할 것이다. 하나뿐인 내 삶에서 실존적 소득도 하나 없이 귀중한 시간을 낭비한 것이기 때문이다. 반대로 우리가 서로 일이 실존적이라는 사실을 인정한다면 고용주도 기꺼이 더 유연성을 가지려고 할 것이다. 왜냐하면 순전히 회의적으로 보더라도 그렇게 하면 직원이 회사를 더 오랫동안 떠나지 않을 것이고, 더 중요한 이유를 찾아보면 그렇게 할 경우 개인들이 특정 직장에서 일한 시간을 후회할 가능성이 줄어들기 때문이다.

이 모든 것에는 계획과 신뢰가 필요하지만, 상호 실존적 요구에 기초한 관계라면 분명히 달성할 수 있다.


## 의미 대화

관리자가 직원들도 나처럼 하나의 시간 속에 하나의 삶을 사는 한 명의 사람임을 인정하는 순간 즉시 인사 고과는 내다 버리게 될 것이다. 인사 고과는 무의미하다. 지금 내 앞에 앉아 있는 사람이 무엇보다 가장 먼저 인간이라는 사실을 인정하고 나면, 직원의 일부만을 그의 다른 부분과 떼어서 평가할 수 있다고 생각하는 것은 터무니없는 일이다. 인간의 마음을 직장에서 시간을 쓰는 33퍼센트만 나머지 67퍼센트로부터 떼어내는 것은 불가능한 일이다. 그걸 가지고 의미 있는 대화를 나누는 것은 더욱더 말이 안 된다.

유거브YouGov.org에서 영국의 직장인들을 대상으로 실시한 설문 조사에 따르면 직장인의 절반 이상이 평가를 '무의미'하거나 '시간 낭비'라고 평가했다.[57] 갤럽에서 미국의 직장을 조사한 결과를 보더라도 수많은 관리자가 직원에 대해 효과적으로 인사 고과를 실시하는 데 어려움을 겪었다.[58] 이 보고서에 따르면 지금의 인사 고과는 명쾌하지도 의미를 주지도 못했다. 실제로 자신의 관리자가 의미 있는 피드백을 제공한다고 생각하는 직원은 23퍼센트밖에 되지 않았다. 반면에 자신의 목표나 업적에 대해 관리자와 의미 있는 대화를 나눴다고 말하는 직원들은 업무에 대해 몰입감을 느낄 가능성이 2.8배나 높았다.

원칙적으로 관리자와 직원이 회의실에서 일대일로 만나 비밀 대화를 나누는 것 자체가 잘못된 일은 아니다. 그러나 실제는 전혀 다르다. 여러 번의 시도 끝에 수많은 중간 관리자와 그 아래 관리자들을 지나쳐야만 신탁을 손에 쥔 경영진에게 도달하는 경우가 많다. 그리고 막상 그곳에 도달해보면, 마음에 담아둔 내용에 관해 1시간 정도는 얘기를 나눌 수 있을 거라 생각했겠지만, 실제로는 피상적인 잠깐의 담소로 끝나버리는 경우가 많다. 그 결과 실존적 해답보다는 직업적 의문만 남는다. 이렇게 돼버리는 이유는 그런 대화가 존재의 근본적 측면인 실존적 위치에서 시작하지도, 잠재력의 실현에 관한 실존적 시각에서 끝나지도 않기 때문이다.

의미 있는 방식으로 직원들을 관리하려면 일이 실존적이고 친밀한 것이라는 생각에 기초한 대화를 나눠야 한다. 우리가 직장에서 사용하는 시간은 다른 여느 활동에 사용하는 시간과 전혀 다르지 않다. 이 대화는 승진에 필요한 직업적 발전을 평가하려는 커리어에 관한 대화여서는 안 된다. 이 대화는 서로에게 관심을 갖고 서로를 존중하는 두 개인 사이의 대화여야 한다. 시작점은 착취가 아니라 사랑이어야 한다. 두 사람 모두 조직의 목적을 추구하는 것이 의미 있다고 진심으로 느껴야 한다.

평가는 직원이 의미 있는 삶이라고 생각하는 것이 무엇인지, 삶에서 또 일에서 의미 있는 삶의 실현을 가로막는 장애물은 무엇인지 확인하는 작업이 되어야 한다. 이런 유형의 대화가 가능하려면 직업적 거리라는 개념이나 시간을 쪼갤 수 있다는 생각에 대해 근본적인 의문을 가져야 한다. 모든 직원은 자신의 삶 전체를 관리자에게 보여줄 수 있는 기회를 부여받아야 한다. 관리자가 나의 삶 전체, 나의 행복에 대해 실제로 공동 책임을 지려고 한다는 사실을 알고 안심할 수 있어야 한다.

"사랑합니다"라고 말하는 것은 말하는 사람이나 듣는 사람 모두에게 엄청나게 크고 놀라운 한 걸음이 될 수 있다. 그러나 이런 유형의 플라토닉 사랑을 일상 용어나 업무 용어로 바꾸는 방법에는 여러 가지가 있다. "당신이 좋아요." "참 훌륭한 분이군요." "정말 가치 있는 직원이에요." 어떤 방식을 선택하든 이유는 하나다. 훌륭한 관리자가 되려면 내가 관리하는 사람들을 사랑해야 한다. 그들을 좋아해야 한다. 그들이 괴로워하면 당신도 괴로워야 한다.

추상적인 개념이 될 필요도 없다. 예를 들어 X라는 직원의 남자친구가 외국에 살고 있다고 치자. X와의 대화에서는 이 문제가 반드시 언급되어야 한다. X가 장거리 연애로 남자친구가 힘들어하고 있다는 말을 편안하게 할 수 있어야 한다. X는 남자친구를 힘들게 하고 싶지도 않고 두 사람 관계도 잘 진행되기를 바란다. X의 관리자는 X를 충분히 신뢰해서 X가 남자친구와 더 많은 시간을 보내면서도 기대되는 결과를 낼 수 있게 업무를 조직하고 설계해야 한다.

생산부서에 있는 X의 동료들은 어떨까? 관리자는 이들 역시 플라토닉 사랑을 기초로 이끌어야 한다. 어떻게 하면 될까? 관리자는 동료들에게 X의 개인적 사정을 설명하고 모두가 만족할 수 있는 해결책을 다 함께 찾도록 노력해야 한다. X가 최대한 많은 시간을 최대한 생산적으로 일하면서도 매주 금요일과 월요일은 회사를 쉬고 남자친구를 만날 수 있게 업무 스케줄을 조정할 수는 없을까? MQ가 높은 일터라면 혹은 적어도 그런 목표를 세우고 있는 일터라면, 그런 조정이 가능할 것이다. 만약 그렇지 못하다면 회사에서 X의 미래는 길지 못할 것이다. X의 삶에서 의미가 너무 낮아져서 일과 남자친구 중에서 택일을 해야 할 것이기 때문이다. 이는 X에게나 회사에게나 바람직한 결과가 아니다.

결국 삶이란 본질적으로 예측 불가능하다. 의미란 행운과 불운의 교차 속에 있는 것이 아니라 우리가 그것들을 감당하는 방식 속에 있다. 이는 직원이나 관리자나 마찬가지다.

사업에서 돈이란 산소와 같은 것이다. 돈이 없으면 기업은 숨을 쉴 수가 없다.

그러나 아무 희망도 없이 완전히 시시하고 하찮은 삶을 사는 것, 다시 말해 의미 없이 사는 것이 우리의 유일한 포부가 아닌 이상, 결코 숨쉬기 자체가 목적이 되어서는 안 된다.

# 6장

## 인본주의적 자본주의란 무엇인가

## 새로운 형태의 자본주의

20세기에 인류 문명이 비약적 발전을 이룩한 것은 그 자체로 잘못된 것은 전혀 없다. 사실 우리가 경제를 그처럼 빠르게 확장시킨 것이나 여러 기회가 개선된 것은 아주 인상 깊은 일이다. 문제는 이런 발전이 그 대가로 실존적 진보를 희생시킨 것처럼 보인다는 점이다. 사람들은 더 의미 있고 훌륭한 삶을 살게 되지 못했다. 그렇다고 자본주의를 탓할 수는 없다. 자본주의란 그저 부를 축적하는 하나의 시스템에 불과하기 때문이다. 자본주의는 부를 기가 막히게 잘 축적하는 시스템일 뿐, 그로 인한 번영의 내용이나 본질에 관해서는 아무런 약속도 하지 않고, 따라서 그로 인한 파문에 대해서도 책임을 지울 수 없다. 자본주의가 제공하는 기회들을 어떻게 활용할 것인가는 시스템의 이용자인 우리에게 달린 일이다.

불안하고, 스트레스를 받고, 우울하고, 외롭고, 약을 먹어야만 삶의 의미를 찾고 삶을 살아갈 수 있는 사람들이 늘어난 사실을 고려하면 지금의 트렌드는 권장할 만한 모습은 아니다. 코앞에 닥친 실존적 멜트다운meltdown을 피하기 위해 진지하게 노력하지 않는다면 우리는 자기 자신에게 진실할 수도, 서로의 눈을 바라볼 수도 없을 것이다. 그런 노력을 시작하기 위해서는 우리가 원하는 부가 어떤 종류의 것인지 자문해보아야 하고, 부를 축적하는 방식은 어떠해야 하는지 태도를 정해야 한다.

자본주의에 반대하거나 자본주의에 참여한 사람들에게 창피를 주자는 얘기가 아니다. 좋든 싫든 역사적으로 목표를 달성하는 데 자본주의만큼 효과적이었던 시스템은 찾아보기 힘들다. 실제로 자본주의는 사람들을 빈곤과 문맹에서 구제하는 측면에서는 타의 추종을 불허한다. 그것도 무수한 '-주의'들보다 훨씬 더 빠른 속도로 말이다. 자본주의가 삶의 질과 의미를 높이는 데 중요한 기여를 할 수 있다고 생각하는 것도 충분히 가능하다. 따라서 우리가 초점을 맞춰야 할 부분은 사회적, 경제적, 기술적 진보가 실존적 진보와 동시에 진행될 수 있는 새로운 형태의 자본주의를 창조하는 것이다. 그러기 위해서는 지금 우리가 알고 있는 자본주의와 전쟁을 벌이거나 이 자본주의를 파괴하지 않으면서도, 거기에 개입해 새로운 형태의 자본주의로 탈바꿈시키는 것이 필요하다.

먼저 자본주의가 그 성질을 바꾸는 것은 필요할 뿐만 아니라 상당히 자연스러운 일이다. 경제, 군사적으로 반드시 필요한 귀금속이 부족했던 탓에 자리를 잡고 있던 봉건시대의 물물 교환 경제는 16세기에 화폐 경제로 바뀌었다. 땅과 부동산이 사실상의 화폐가 됐고 국가의 힘이 커지면서 신생 국가들은 자체 지폐와 동전을 발행했다.

1700년 즈음 최초의 산업 혁명은 자본주의를 다시 한번 탈바꿈시키기 시작했다. 대부분 국가에서 정부가 자금을 대며 산업 혁명을 추진했다. 그렇게 해서 등장한 수많은 독점 기업을 우리는 최근 수십 년간 더 자유롭고 경쟁적인 시장 경제를 촉진하기 위해 해체하기 시작했다.

역사적 궤도를 보면 이유가 군사적인 것이었든 혹은 경제, 정치, 사회적 필요에서였든 자본주의에서 변화란 필수 불가결한 부분이다. 지금 그리고 가까운 미래에 현대 자본주의가 다시 한번 변화하도록 압력을 가하게 될 힘은 주로 실존적인 성질의 것이다. 우리의 실존적 건강이 그런 압박을 받아 시장 경제를 위협할 지경에 이르렀다. 끝없는 부의 축적에 대한 약속은 점점 더 지키기 어려워지고 있다. 다람쥐 쳇바퀴를 계속 돌려주어야 할 사람들이 이제 숨 가빠하고 있다. 우리가 아무리 생활 수준을 높인다고 해도 높아진 생활 수준이 자동으로 정신 건강이나 강력한 삶의 의미로 변환된다는 보장은 없다. 금전적으로나 사회적으로는 생산분이 남아돌지 몰라도, 손익계산서가 흑자냐 적자냐로 삶의 의미가 결정되는 것은 아니다.

우리 삶에 의미가 가득 차느냐 마느냐는 삶의 길흉화복과 여러 기회에 우리가 어떻게 대처하느냐에 달렸다. 마찬가지로 자본주의가 그 자체로 의미 있을 수는 없다. 자본주의란 그저 하나의 시스템에 불과하기 때문이다. 어느 시스템이 의미 있느냐 아니냐는 그 시스템을 사용하는 방법에 달렸다.

그렇기 때문에 우리에게는 '인본주의적 자본주의'가 필요하다. 그렇다. 우리는 이익과 부를 좇아야 하지만 초점은 언제나 인간에 맞춰야지, 인간을 희생시켜서는 안 된다. 따라서 인본주의적 자본주의는 돈을 어떻게 버느냐에 따라 그 돈의 가치가 달라진다고 말한다. 더 이상 법의 한도 내에서 돈을 버는 것만으로는 충분치 않다. 자본주의에 대한 전통적 이해, 지배적 이해는 합법적으로 돈을 버는 한, 이윤이 증가할 때 양심에 거리낄 것은 하나도 없다고 말한다. 그러나 우리는 더 이상 그게 사실이라고 우리 자신을, 서로를 속일 수 없다. 만약 당신이 벌어들인 돈이 회사에 혹은 사회 전체에 스트레스와 불안, 외로움, 우울함을 증가시키는 비용을 유발했다면, 그 돈은 사회적, 육체적 병을 줄이는 데 도움을 주거나 심지어 일반적으로 의미를 증가시키는 데 이바지한 돈보다는 가치가 줄어든다. 우리에게 필요한 형태의 자본주의는 자본보다 사람을 중시하는 도덕적 요구를 기초로 시장이 돈의 가치를 조절하는 자본주의다.

인본주의적 자본주의의 기본 원칙은 합법성과 도덕성 사이에는 차이가 있다는 것이다. 어떤 행동이 합법이라고 해서 반드시 도덕적인 행동은 아니다. 어떤 행동이 합법이라고 해서 반드시 도덕적으로도 옳은 것도 아니다. 합법성이란 어떤 행동이 법적으로 정해진 기준 내에 있는가를 평가하는 것이다. 반면에 도덕성은 어떤 행동이 도덕적인가, 즉 법으로 정한 내용과는 상관없이 어떤 행동이 품위 있는 행동으로 간주되는 틀 안에 들어오는가를 따진다. 중세 말에는 '도덕극'이라는 것이 나타났다. 관객에게 인간의 덕목과 악덕에 관해 가르치고, 인간의 영혼을 통제하려고 싸우는 여러 힘을 보여주기 위해서였다.

아동 노동이 도덕적으로 수용할 만한 생산 방식이 아니라는 사실을 보여주는 데 중세식의 도덕극까지 필요하지는 않다고 생각하는 사람도 있을 것이다. 그러나 영국 같은 나라에서 아동 노동을 규제하기 시작한 것은 불과 19세기 중반에 와서였다. 심지어 이 문제를 뿌리 뽑기 위해 공장법과 교육법이 시행된 것은 그보다 더 늦은 1878년과 1880년의 일이다. 그러고도 아동 노동이 완전히 금지된 것은 1913년이다. 이때까지 아동 노동은 합법이었으나 이게 도덕적이라고 주장할 사람은 거의 없을 것이다. 그런데 모순적이게도 광범위하게 시행되던 아동 노동이 끝을 본 것은 도덕성 때문이 아니라, 주로 산업 발전 때문이었다. 다른 형태의 생산 방식이 워낙 효율적이어서 아동 노동의 경제성이 떨어진 덕분이었다. 다시 말해 합법성은 어느 행동의 옳고 그름을 따지는 데 충분한 근거가 될 수 없으며, 돈의 가치를 규정하는 기준 또한 결코 될 수 없다.

우리는 인본주의적 자본주의로 이행해야 한다. 그 목표에서도, 수단에서도, 정당화에서도 사람들의 삶에 의미를 창출하는 것을 추구하는 자본주의가 필요하다. 이것은 '무엇을' 생산하느냐뿐만 아니라 '어떻게' '왜' 생산하느냐에 대해서도 요구 사항을 가진 자본주의다. 생산과 관련된 모든 부가 가치, 거래, 프로세스, 가치 사슬이 '의미'라는 리트머스 시험지를 통과해야 한다는 급진적 요구를 내놓는 자본주의다. 여기서 단어의 순서가 중요하다. 우리에게 필요한 것은 인간성의 상업화를 뜻하는 '자본주의적' 인본주의가 아니다. 우리에게 필요한 것은 '인본주의적' 자본주의, 즉 상업의 인간화이다.

한 예로 '성 밸런타인의 날'처럼 아름답고 순전히 인간적인 것이 어떻게 현대에 와서 그처럼 극도로 상업화되었는지 한번 생각해보라. 성 밸런타인을 기리며 사랑을 축복해야 할 날이 피도 눈물도 없는 이윤 창출 기계로 전락하고 말았다. 하트와 꽃이 추가된 '블랙 프라이데이Black Friday'와 별로 다를 바가 없다. 전설에 따르면 3세기에 성 밸런타인은 클라우디우스 황제의 명령을 거역하고 기독교인들의 결혼식을 올려주었다가, 나중에 체포되어 처형되었다. 오늘날에 성 밸런타인의 이야기는 사랑이 법률보다 앞선다는 의미를 되새겨주는 경우는 거의 없고 꽃집과 보석상의 매출을 올려주는 데 사용되고 있다. 인간적 측면이 아니라 자본주의적 측면이 중심이 되고 있는 것이다.

더 이상 자본주의가 일자리를 만들어내고 성장을 이끈다는 이유로 사회에 긍정적 영향을 미친다고 주장하는 것은 충분히 정당화되기 힘들다. 자본주의가 미래에도 우리에게 도움이 되려면 실존적이고 도덕적인 차원에서도 긍정적 영향을 미쳐야 한다.

그러나 기업이나 단체에게 최소한의 법적 요구를 충족시키는 것 이상으로 노력하라고 요구하는 것은 지나치게 이상적인 생각 아닐까? 현대 자본주의가 질 높은 삶, 의미 있는 삶을 만들어내지 않는다는 철학적 주장에 공감하지 않는다면, 상업적 논리를 한번 생각해보라. 이것 역시 결코 가볍지 않은 부분이다. 실존적 소득이 없다고 해서 경제적 번영을 비난하는 것이 이론적으로는 흥미로울 수도 있다. 하지만 실존적 진보로 인한 금전적 소득은 뭘까? 다시 말해 우리가 돈의 가치를 의미의 정도로 측정하는 게 가능해야 한다고 주장한다면, 의미의 화폐적 가치는 무엇일까?

미국의 500대 기업을 조사한 연구에 따르면 더 높은 도덕적 목적을 중심으로 조직되어 사회에 좋은 영향을 끼치려고 노력하는 기업은 전통적 기업들보다 더 좋은 실적을 낸다고 한다.[59] 15년 이상 소위 '목적 중심' 기업은 평균적 기업보다 14배나 높은 수익을 주주들에게 안겨주었으며, 중단기적으로도 평균적인 기업의 실적을 능가했다. 이것은 교훈을 주려는 중세의 어느 연극이 아니라 냉철한 자본주의적 추론 결과다.

하바스그룹Havas Group은 매년 그들이 '의미 있는 브랜드'라고 규정한 회사들을 분석한다.[60] 이 결과를 보면 시장의 유형을 막론하고 대다수 브랜드가 소비자의 신뢰 부족으로 인해 부정적 영향을 받는다. 대략 75퍼센트의 소비자는 브랜드들이 개인 또는 집단의 삶의 질에 긍정적으로 이바지하기를 기대하는데, 실제로 그렇게 되고 있다고 느끼는 소비자는 40퍼센트에 불과하다. 77퍼센트의 소비자는 자신이 매일 사용하는 제품의 브랜드가 지구상에서 사라진다고 해도 전혀 개의치 않는다. 이들은 또한 어떠한 식으로든 삶의 질에 이바지하는 브랜드는 4분의 1에 불과하다고 생각한다. 분석에 따르면 소비자가 의미 있다고 느끼는 브랜드는 그렇지 않은 브랜드보다 궁극적으로 더 좋은 실적을 내는 것이 분명하다. 2006년에서 2016년 사이에 의미 있는 브랜드의 주주들은 주식 시장 평균보다 206퍼센트나 높은 수익을 가져갔다.

윤리와 효율이 서로 배타적이라는 주장은 터무니없는 것이 명백하다. 상업은 절대로 실존과 양립 불가능하지 않다. 효율과 생산성, 실적을 극대화하고 싶으면 가혹해져야 한다는 말은 오래전부터 있었다. 그러나 우리는 번지르르한 말이나 추측이 아니라 반드시 지식에 기초해서 행동해야 한다. 정치이건, 교육이건, 리더십 개발이건, 하드hard와 소프트soft를 분리하는 방식의 언어를 사용하는 것은 우리의 잠재력을 제한하는 것이다. 사회 전반에 관한 한, 이렇게 멋대로 하드와 소프트를 나눈다고 해서 무슨 쓸모가 있고 질적 차이가 있는지 전혀 알 수 없다.

숫자가 글자보다 우선해야 할 이유가 무엇인가? 따귀를 때리는 것이 키스를 해주는 것보다 효과가 더 클 이유가 무엇인가? 그럴 이유가 전혀 없다. 왜냐하면 윤리와 효율은 불가분으로 서로 얽혀 있기 때문이다. 상업과 실존은 공존하며 앞으로도 계속 그럴 것이다. 아주 간단한 사실이다.

의미에 대한 소비자 요구는 직장에서 또 작업의 내용이나 목적 면에서 똑같은 것을 요구하는 직원들에게 반영된다. 매킨지에서 실시한 대규모 조사에 따르면 자신의 일이 의미 있다고 생각하는 직원은 일이 그저 만족스러운 직원에 비해 생산성이 최고 다섯 배나 높은 것으로 나타났다.[61] 마찬가지로 여러 연구에 따르면 자신의 일이 의미 있다고 느끼는 직원은 일이 의미 있다고 생각하지 않는 직원보다 30퍼센트 더 혁신적이며, 90퍼센트 더 일에 몰입하고, 회사에 대한 충성심(이직률로 비교)도 40퍼센트가 더 높았다.[62] 나아가 2016년 이후 볼룬타스에서 실시한 모든 MQ 분석을 검토해본 결과, 의미 점수가 평균보다 높은 직원은 참기 힘든 스트레스의 정도가 24퍼센트 낮았고, 병가를 내는 경우도 훨씬 적었다.[63] 일이 더 의미 있을수록 생산성과 수익성이 높았고, '이상적'으로는 삶의 질도 더 높았다.

돈의 가치는 구매력이나 투자력에 있지 않다. 돈의 가치는 거기에 담긴 '의미'에 있다. 돈의 가치는 기업의 입장이든, 투자자나 관리자 혹은 직원의 입장이든, 그 돈을 버는 과정에서 만들어진 의미를 기준으로 측정되어야 한다.

돈의 가치는 어떻게 벌었느냐에 따라 달라진다.

더 이상 법의 한도 내에서 돈을 버는 것만으로는 충분치 않다.

자본주의에 대한 전통적 이해, 지배적 이해는 합법적으로 돈을 버는 한, 이윤이 증가할 때 양심에 거리낄 것은 하나도 없다고 말한다.

그러나 우리는 더 이상 그게 사실이라고 우리 자신을, 서로를 속일 수 없다.

7장:

# 충성이냐, 반란이냐

영화 〈캐리비안의 해적: 세상의 끝에서〉의 한 장면을 보면 엘리자베스 스완과 나머지 선원들은 유령선 '플라잉 더치맨'에 포로로 붙잡힌다. 그 배에서 일하는 괴물 선원들은 바다에서 죽는 것 대신 데비 존스 선장 밑에서 100년간 선원으로 근무하는 것을 택한 자들이다. 죽음에서 벗어나기 위해 계약서에 서명할 때는 아마도 인간에서 바다 괴물로 고통스럽게 서서히 변해가다가 배와 함께 죽음을 맞을 거라는 얘기는 듣지 못했을 것이다. 해가 지날수록 선원들은 점점 인간의 모습을 잃어가고 그들의 몸은 심해 생물의 속성을 띠어가다가 결국에는 선체와 하나가 된다. '선원의 일원이라면 배의 일부'가 해적들의 모토다.

포로로 잡혀 있던 동안 엘리자베스 스완은 미친 선원 '부트스트랩 빌'을 찾아낸다. 빌은 해조류와 따개비에 인간의 형체가 거의 가려지고 조금씩 조금씩 배와 한 몸이 되어가는 중이었다. 엘리자베스는 빌에게 아들 윌리엄이 그를 이 고통에서 구하기 위해 출발했다고 이야기한다. 선체가 고통스럽게 그의 몸과 영혼을 모두 집어삼키기 전에 말이다. 그러나 경악스럽게도 엘리자베스는 어쩌면 자신도 이미 너무 늦었을지 모른다는 사실을 알게 된다. 데비 존스 밑에서 오랜 세월 일하는 동안 부트스트랩 빌의 영혼은 이미 모두 잡아먹힌 것으로 보인다. 빌과 배는 이제 하나다.

부트스트랩 빌과 동료 선원들의 운명은 잘못된 충성심이 어떤 결과를 낳을 수 있는지 보여주는 고약한 예시다. 비록 이 경우에는 반쯤은 자발적이지 않았지만 말이다. 제시된 항로나 여행의 방향에 대해 직원이 아무런 질문도 하지 않는다면, 잘못된 방향으로 가고 있을 때조차 아무 말도 하지 않는다면, 직원들 역시 배의 일부가 되는 위험을 감수하고 있는 것이다. 즉 제도의 일부가 되고 있는 것이다.

일하는 사람으로서 당신은 어디에 충성해야 할까? 가장 중요한 대상은 당신 자신과 당신 삶의 의미이며, 당신의 마음에 가장 가까이 있는 사람들이다. 그다음은 당신의 개인적 의미와 조직의 그날그날 일을 서로 연결해주는, 조직의 목적 및 그와 연관된 덕목들이다. 이 목적은 당신이 방향을 찾도록 도와주는 나침반과 같다. 이 목적이 좌표를 알려준다. 조직의 목적이 당신의 목적과 궤를 같이하고, 당신이 가진 하나뿐인 삶에 의미를 부여하는 것은 매우 중요하다. 갤럽 조사에 따르면 자신의 목표를 조직의 목표와 연결시킬 수 있는 직원은 일에 몰입할 가능성이 3.5배나 높았다.[64]

직원들에게 상사나 직책에 충성하라고 해서는 안 된다. 가장 먼저 목적에 충성하라고 해야 한다. 관리자가 이 목적이나 조직의 덕목과 맞지 않는 행동을 한다면 직원은 그에 대응하고 필요한 변화를 일으킬 도덕적 의무가 있다. 이때 당신은 두 가지 행동 중 하나를 선택할 수 있을 것이다. 더 이상 거울에 내 모습이 비치지 않으니 배에서 뛰어내리거나, 반란을 일으켜 선장을 처형하는 것이다. 미국의 철학 교수 로버트 C. 솔로몬Robert C. Solomon은 1992년에 이렇게 말한 바 있다.

"비즈니스 라이프에는 구체적인 목표와 뚜렷한 관행이 있고, 비즈니스에 종사하는 사람들은 자체 관심사와 충성심, 역할, 책임이 있지만, 비즈니스에 종사하는 사람들과 외따로 떨어진 '비즈니스 세계'라는 것은 없다. 그 사람들의 진실성이 조직의 진실성을 결정하는 것이고, 반대도 마찬가지다."

조직과 기업은 인간이 만든 것이고, 따라서 조직이나 기업의 도덕성은 그것을 구현하는 인간들의 도덕성 및 진실성에 의존한다.[65]

만약 조직이 조직의 목적을 이루고 싶어 하는, 삶에서 비슷한 모습을 공유하는 직원들을 서로 규합할 수 있다면 이 직원들은 그 어떤 단기적인 물질적 이익을 위해서도 자신의 혹은 조직의 도덕적 기준을 위험에 빠뜨리는 일은 결코 하지 않을 것이다. 왜냐하면 이들은 윤리적, 실존적 위험이 금전적 보상보다 더 중하다는 사실을 알고 있기 때문이다.

## 가치와 덕목의 차이

조직의 목적은 그것을 이루는 데 도움이 되는 일단의 덕목을 통해 보강된다. 덕목은 도덕적 존재가 길을 찾는 데 사용하는 기본 원칙들이다. 이 덕목들은 선과 악, 옳고 그름에 대해 우리 안에 깊이 새겨진, 종종 무의식적인 개념이다.

덕목은 우리가 옳고 그름을 구분하고 우선순위를 정하고 그에 맞춰 행동할 수 있게 하나의 체계를 구성한다. 이 체계의 정점에 '목적'이 있다. 목적은 개인에게도 단체에게도 가장 큰 의미를 제공한다.

가치와 덕목의 핵심 차이를 이해하는 것이 중요하다. 많은 조직이 자신들은 어떤 가치에 기초하고 있다고 주장하는데, 이는 종종 회사의 전략 문서에 적힌 가치 목록이나 회사 입구 옆 벽에 쓰인 글자, 혹은 웹사이트에 장식으로 새겨놓는 문구라는 뜻에 불과한 경우가 많다. 사람도 혹은 사람으로 구성된 조직도 자기 자신에게 어떤 가치를 부여할 수는 없다. 예를 들어 정직하려면 "우리는 정직합니다"라고 말하는 것만으로는 부족하다. 그런 주장이 얼마나 사실인지 평가하는 것은 남들에게 달렸다. 자신의 가치를 굳이 언급해야겠다면 남들이 당신에 대해 뭐라고 말하는지부터 이야기해야 한다.

진부하지만 미묘한 사례로 어느 헤어숍이 새로 문을 열면서 고객을 끌기 위해 창문에 이렇게 써 붙여놓았다. "트렌디한 헤어숍 곧 개장." 그러나 트렌디한지 여부는 남들이 결정하는 것이다. 어떤 속성이나 가치를 스스로에게 부여할 수는 없다. 오히려 가치란 우리가 말과 행동을 통해 증명해야 하는 사항이다. 이 경우 같으면 매번 머리를 자르는 것으로 증명해야 한다.

반면에 덕목이란 우리에 대한 남들의 생각에 기초한 것이 아니라 우리가 어떻게 되고 싶은지를 이야기한다. 예를 들면 "나는 정직하고 싶습니다"처럼 말이다. 내가 어떻게 되려고 노력하고 있는지를 출발점으로 삼는다면 내가 실수할 수도 있다는 뜻이 된다. 우리는 완벽하지 않다. 이렇게 함으로써 우리는 내가 되고 싶은 것이 있지만, 아직 완전히 이루지는 못했다는 사실을 강조한다. 가치란 고정된 상태이지만, 덕목은 우리가 열망하는 상태다. 덕목이란 개인과 조직의 인간적 특징을 개발하는 도구다. 내가 한 말의 진짜 뜻은 "나는 늘 정직한 것은 아니지만, 끊임없이 정직하려고 노력합니다"이다.

덕목은 실존적인 것과 연결된다. 내 조직에 철학적, 윤리적, 실존적 요구를 함으로써 우리는 가치가 아닌 덕목을 기초로 일하기가 더 쉬워진다.

'가치value'와 '덕목virtue'이라는 두 단어는 서로 다른 전통에서 유래한다. 경제학자들은 밸류에이션valuation의 결과인 가치에 대해 이야기한다. 물건은 '효용 가치'가 있다. 해당 물건을 팔 수 있게 하는 유용성을 측정한 값이다. 물건은 '교환 가치'도 있다. 다른 물건에 대한 상대적 가치를 측정한 값이다. 그러나 덕목은 도덕 철학에서 나왔고 상당히 다른 뜻을 갖고 있다. 다시 인본주의적 자본주의와 그 기본 전제로 돌아가보자. 합법성과 도덕성 사이에는 차이가 있다는 전제 말이다. 어떤 행동이 합법이라고 해서 반드시 도덕적인 것은 아니다. 도덕적으로 보았을 때 돈이나 물건, 결과, 성공의 가치는 어떻게 벌고, 만들고, 성취했느냐에 의해 결정된다. 기업이나 단체는 그들의 윤리를 알려주고 궁극적으로 그들의 목적을 실현하는데 도움이 될 덕목들을 정확하게 규정하고 선별함으로써 단순한 도덕성보다 더 높은 기준을 세워야 한다.

인간은 본질적으로 불완전하다. 예를 들어 항상 정직한 사람은 아무도 없지만 정직하려고 매일같이 노력하는 것은 개인으로 보아도, 집단으로 보아도 미덕이다. 행동이 따르지 않는 덕목은 아무 가치가 없으며, 틀린 숫자가 들어 있는 재무 보고서만큼이나 비도덕적이다. 2001년 기업 스캔들의 역사에 길이 남을 기업이 된 엔론Enron은 '진실성'을 핵심 가치로 정해놓고 있었다. 마찬가지로 수백만 대의 자동차에 디젤 배기가스량을 속인 독일의 자동차 회사 폭스바겐Volkswagen도 그들의 가치가 '진실성을 갖고 행동한다'라고 했다. 두 기업의 전략적 정점에 있던 개인들이 보여준 철두철미한 '테플론 정체성 조작'을 가지고 판단해보면, 이런 가치 선언은 덕목으로 옮겨지지는 않았다. 덕목이란 매일 역설하고 시행하는 도덕적 행동 기준으로서 한결같이 작용하는 것이기 때문이다. 그들의 가치는 그냥 회사 벽면을 장식하거나 컴퓨터 배경 화면에 사용되는 도배지였다.

## 목적과 덕목을 이해하기

스위스의 심리학자로 분석 심리학을 창시한 카를 구스타프 융이 남긴 지적 유산은 예술가와 연구자들에게 많은 영감을 주었다. 융은 지그문트 프로이트와 작업적으로 가까운 사이였다. 나이는 융이 더 어렸지만 그와 관계없이 두 사람은 서로 깊은 영향을 주고받았다. 프로이트와 마찬가지로 융은 인간 정신의 여러 측면과 계층을 연구했다. 두 사람은 특히 내면의 가치가 어떻게 꿈이나 판타지로 표현되는가 하는 문제와 무의식 연구에 공통된 관심을 가지고 있었다. 인간으로서 우리의 행동은 층층이 계층을 이루고 있는 여러 원칙과 덕목, 생각에 의해 결정된다. 이런 계층 구조가 존재한다는 사실은 매우 중요하다. 모든 덕목이 똑같이 가치가 있거나 모든 사람에게 같은 가치를 가지는 것이 아니기 때문이다. 아주 간단히 말해서 어느 선택이 다른 선택보다 더 낫다고 생각하지 않는다면 우리는 아무것도 할 수 없다. 그렇지 않다면 행동할 이유가 전혀 없기 때문이다. 지금만 해도 당신은 이 책을 읽고 있다. 그렇다면 당신은 이 책을 읽는 것이 읽지 않거나 다른 일을 하는 것보다 낫다고 생각한 셈이다. 이 역시 덕목의 계층 구조가 작동하고 있는 작은 예시다.

우리는 누구나, 의식적으로 혹은 무의식적으로, 내재된 덕목의 계층 구조에 기초해서 행동한다. 당신이 하는 행동이나 당신이 지키며 사는 덕목은 당신에 대해 생각보다 많은 것을 말해준다. 당신이 무엇을 진실이라고 믿고, 좋다고 생각하고, 옳다고 여기는지 더 분명히 표현해주는 것은 이게 내 신념이라고 당신이 주장하는 내용이 아니라 당신의 행동이 가져온 결과다. 안타깝게도 우리가 이런 덕목의 계층 구조를 온전히 다 이해할 가능성은 거의 없다. 인간은 지구상에서 가장 복잡한 생물이지만 오븐에 딸린 시계를 서머타임으로 바꾸는 것조차 우리에게는 쉽지 않은데 무슨 수로 나를 이루고 있는 것들을 온전히 다 이해할까? 무의식적으로든, 아니든 우리는 나의 덕목이나 윤리와 맞지 않는 방식의 취급을 당하면 분노하거나 절망한다. 그런 일이 벌어지면 내가 가진 덕목의 계층 구조가 표면으로 올라와 그 색깔을 드러낸다.

우리의 덕목은 종종 무의식적일 뿐만 아니라 여러 개의 파편화된 계층 구조 또는 어쩌면 서로 충동하는 계층 구조로 구성되기도 한다. 그런 경우 우리는 의사 결정을 내리기가 너무나 힘들다는 사실을 깨닫거나 내가 하는 일에 대해 복잡한 감정을 갖기도 한다.

다시 한번 델포이의 아폴론 신전으로 돌아가보자. "너 자신을 알라." 덕목의 계층 구조를 이해하려면 하나의 조직으로서 혹은 한 인간으로서 엄청난 자기 인식이 필요하다. 그렇게 했을 때만 우리는 가장 근본적인 질문, "삶의 의미는 무엇인가?"에 답할 수 있다. 목적과 덕목의 관계는 근본적이면서도 긴밀하다. 내 것이든, 내 조직의 것이든 덕목의 계층 구조는 그 자체로 존재하는 것이 아니라 어떤 요구 혹은 다른 요인들에 대한 반응으로 만들어진다. 그런 요인 중에 하나가 '큰 목적'이다. 덕목은 다 함께 같은 방향, 즉 우리의 가장 높은 목적을 향하게 만드는 자기장 같은 역할을 한다.

그러나 앞서 이야기한 것처럼 덕목은 변화무쌍하고 바뀔 수 있다. 내가 어떤 덕목을 열망하더라도 해당 덕목이 내 행동의 지배적 덕목은 아닐 수 있다. 사실 무의식적인 것을 의식적으로 만든다면 우리에게는 덕목을 통제할 수 있는 기회가 있다. 자기 인식을 높이고 내 삶을 결정할 덕목들을 재정립하면 된다. 누구나 더 높은 목적을 향하는 덕목을 갖고 있지만, 그 덕목들은 끊임없이 변하고 갈고 닦아진다고도 말할 수 있다. 덕목은 우리가 되고 싶은 바이다. 우리가 노력하는 사항이다.

이런 노력의 일환으로 남들에게 정직하고 권위 있는 피드백을 받아보는 방법이 있다. 그리고 나의 덕목에 맞춰 살기 위해 나는 어떤 사람이 되고 싶은지 되새겨보면 된다. 기업의 재무 상태를 승인하려면 외부 감사가 필요하듯이, 우리도 나 자신의 내부 점검을 위해 평가를 받아보고 내가 원하는 것과 일치된 방식으로 살고 있는지 확인해야 한다.

따라서 덕목이란 우리가 혼자서, 혹은 남들과 함께 의식적으로 규정한 속성 내지는 원칙이다. 자기 존중과 의미를 갖고 살기 위해 우리가 반드시 고수해야 할 특징들이다.


## 개인으로서 우리는 어디까지 가야 하는가

자기 존중을 유지하기 위해 개인으로서 우리는 어디까지 가야 할까? 우리가 아무것도 묻지 않는다면, 자기 존중을 유지하지 못한다면, 결국 우리는 '플라잉 더치맨'의 저주받은 선원처럼 되고 말 것이다. 턱에 홍합을 주렁주렁 매달고 싶은 게 아니라면, 내가 나를 위해 계획해둔 것과는 다른 방향으로 가고 있는지도 모를 직장과 서서히 구분이 안 되는 지경에 이르고 싶지 않다면, 내 운명을 내가 개척할 수 있는 책임 있는 방법은 두 가지뿐이다. 바다로 뛰어들거나, 반란을 일으키거나. 그뿐이다. 나의 덕목 및 목적과 조직의 덕목 및 목적에는 반드시 겹치는 부분이 있어야 한다.

우리가 일하면서 보내는 시간은 다른 어딘가에서 가져온 시간이다. 자녀나 가족들, 친한 친구들과 함께 혹은 나 혼자서 보낼 수도 있었던 시간이다. 어찌 보면 이거야말로 궁극의 제로섬zero-sum게임이다. 철학자나 예술가에게는 일과 삶의 융합이 명백하다. 술집에 있을 때도, 펜이나 붓이 없어도, 철학자나 예술가는 여전히 일하는 중이다. 창의적인 작업에 중단이란 없기 때문이다. 그런데 알 수 없는 이유로 우리는 이게 다른 직업에는 적용되지 않는다고 암묵적으로 결론을 내버렸다. 우리는 일에서 실존적 의미를 요구해서는 안 된다고 결론을 내려버렸다. 의미는 다른 곳에서 찾아야 한다. 보통은 직장보다 적은 시간을 보내는 어떤 곳에서 말이다.

우리는 이런 말을 자주 듣는다. "자네 때문이 아냐. 그게 회사에 최선이라서 그래." 세상에서 가장 듣기 싫은 말이기도 하지만 상당히 비논리적인 말이기도 하다. 우리는 내 삶(우리가 가진 하나뿐인 삶)을 상업적 산물에 종속된 무언가로 축소하라는 요구를 받고 있다. 회사의 사업자 등록 번호보다 가치가 낮은 무언가로 말이다.

일은 실존적 출발점을 가지고 있어야 한다. 하나뿐인 내 삶의 실존적 방향이 조직의 그것과 겹치지 않는다는 사실을 알게 되었다면 혹은 조직이 잘 정의된 의미 있는 경로를 벗어나는 중이라면 우리는 저항해야 한다. 사실 일이 의미를 주지 않는다는 사실을 발견했다면 우리는 나 자신뿐만 아니라 조직을 위해서도 행동해야 할 의무가 있다. 진실성과 용기, 자기 존중을 끌어내 건설적 반기를 들어야 한다. 성실과 인내로 조직의 방향을 바꿀 방법을 모색해야 한다. 다시 말해 우리는 반란을 모의해야 한다. 은유적으로 표현하자면, 선장을 바다에 빠뜨리고 배의 길을 새로 잡아 우리가 다 함께 하고 있는 일이 조직만을 위해서가 아니라 우리를 위해 최선의 의미를 갖게 만들어야 한다.

이것을 원하지 않는다면 남은 길은 떠나는 것뿐이다. 방향을 바꿀 의지나 용기가 없다면 혹은 저항이 너무 크다면 우리가 배에서 뛰어내려야 한다. 사직서를 내야 한다. 가방을 싸서 내 갈 길을 가야 한다. 그리고 시끄럽게 떠나야 한다. 우리가 삶의 의미를 실현하는 것을 허락받기 위해 마지막까지 투쟁했다는 사실을 모두가 확실히 알게 해야 한다. 그렇게 하는 것이 남들이 눈을 뜨고 '다원적 무지'를 깨고 나와 그들을 집어삼키려는 선체로부터 자유로워지게끔 돕는 길이다. 나오는 길에 예를 들어 퇴사 면담 시에 강력한 의견을 내는 것도 생각해볼 만하다. 한때 동료였던 수많은 사람이 변화하고 개선되는 데 도움이 될지도 모르니 말이다.

융한테서 배울 수 있는 또 다른 교훈은 우리에게 최고의 기준으로 깊이 새겨져 있는 법칙, 즉 "네가 대접받고 싶은 대로 남을 대접하라"는 도덕 법칙을 미세 조정하는 것이다. 이는 훈계가 아니라 덕목이며, 그 목표는 균형이다. 교류의 상대가 상사이든, 동료이든, 친구이든, 배우자이든, 우리는 내 주장을 분명히 말해야 할 의무가 있다. 이는 상대방도 마찬가지다. 우리는 그들과 마찬가지로 자기 존중을 가지고 처신하며 나의 덕목을 강력히 고수할 의무가 있다. 우리는 당당한 태도로 자기 경멸을 거부하고 꼭 필요한 자기 존중을 실천해야 한다. 그리고 남들이 나의 (혹은 조직의) 도덕적 기준을 무시하려고 하면 건설적 반기를 들어야 한다. 살면서 그 어떤 형태의 압제도 받아들이지 않겠다고 더 일찍 결심할수록 품위 있는 삶을 살 가능성도 더 높아진다. 품위는 의미를 느끼는 데 가장 중요한 요소다.

일하는 사람으로서 우리는 절대로 희생자가 되지 말아야 한다. 노예가 되지 말아야 한다. 우리는 자유롭다, 젠장! 내가 가진 하나뿐인 삶이 자기 존중을 특징으로 하지도 않고 최대한의 의미를 모색하려고 애쓰고 있지도 않다는 사실을 깨닫는 상황이 오면, 그 자리에서 손을 떼고 다음으로 넘어갈 만큼의 자기 존중은 있어야 한다. 때로는 우리 입에서 나올 수 있는 가장 달콤한 시가 "그만두겠습니다"일 때가 있다.

요즘 다른 어떤 것을 추구해서가 아니라 그저 탈출하고 싶은 충동으로 직장을 그만두는 사람들이 늘어나고 있다. 대부분의 경우 다른 무언가에 '빠져들기' 위해서가 아니라 현 상태를 '빠져나오기' 위해 직장을 그만둔다. 다시 말해 직원들이 배를 버릴 때는 기존 상황을 바꾸려고 시도해보지 않았거나, 아니면 시도는 했으나 성공하지 못한 경우가 많다.

# 목적을 방어하기 위해
# 조직은 어디까지 가야 하는가

만약 개인으로서 혹은 직원으로서 우리가 의미를 극대화하기 위해 변화를 꾀하려 한다면 조직의 목적을 방어하기 위해 할 수 있는 것 (필요하다면 반란을 도모하는 것까지)은 다 해봐야 할까? 간단히 답하면 "그렇다." 길게 답하면 "당연히 그렇다!"

조직이 정말로 목적을 지향하고 있다면 채용이나 승진, 강등, 해고 등의 의사 결정을 할 때 그 자리를 원하는 개인이 승진을 원하는 것인지, 아니면 조직과 똑같은 목적 때문에 회사에 계속 머무르는 것인지를 기준으로 삼아야 한다. 지원자의 기술적 능력이나 직업적 능력을 평가하기에 앞서 이 사람이 회사의 목적에 정말로 공감하고 있는지 그래서 그 목적에 따라 살고 그 목적을 실천할 수 있는 사람인지 생각해야 한다. 그 자리에 필요한 기술적, 공식적 능력을 갖췄는지 판단하는 것은 그다음 단계다.

그러나 실제로 이렇게 진행되는 경우는 별로 없다. 대부분의 경우 사람들은 지원자의 기술적 경쟁력, 조직이 필요로 하는 특수 지식만을 살핀다. 그런 것들을 가지고 있으면 합격이다. 지원자의 인간성, 사고방식, 이상, 이데올로기가 조직의 목적과 공명하는지 판단하기 위해 똑같은 정도의 철저한 주의를 기울이는 경우는 거의 없다.

보통 우리는 사람을 채용할 때 그 사람의 기술적, 직업적 잠재력을 따지지, 회사의 목적을 달성할 수 있는 인간으로서의 잠재력을 따지지는 않는다. 이런 행동은 회사의 목적을 희석해 불필요한 것으로 만들 뿐만 아니라 비효율적이고 똑똑하지 못한 행동이다. 채용 과정이 성공하길 바란다면, 다시 말해 지원자가 자신의 능력을 최대한 발휘하길 바란다면, 그 사람이 해당 직무를 하면서 번창해야 한다.

앞서 보았듯이 건강과 행복은 일에서 느끼는 의미와 떼려야 뗄 수 없는 관계다. 관련된 개인은 더 깊이 있고 고귀한 목적을 볼 수 있어야 한다. 조직이 하는 일과 나아가는 방향, 전체적인 목적에 공감하지 않는 사람을 채용하는 것은 말도 안 되는 일이다. 예를 들어 무신론자가 종교 단체의 일원이 되려고 한다고 생각해보라. 터무니없지 않은가! 따라서 조직이나 관리자가 지속 가능한 무언가를 만들어내고 싶다면 조직의 목적은 조직을 구성하는 주된 원리로서의 역할도 해야 한다. 최선의 전략은 조직의 목적에 공감하는 사람들을 채용하고 계속 보유하는 것이다.

다시 아까 그 배에 비유해보면 조금은 냉소적으로 들릴 수도 있지만, '무게만 차지하는 것들은 배 밖으로 던져버려야' 한다. 다시 말해 조직이 실제로 가고 있는 경로에 수동적으로 반대하는 사람들, 그래서 본인 인생에 수동적으로 반대하고 있는 사람들은 내보내야 한다. 이런 사람들은 에너지를 주입하지도, 받아들이지도 못하며 변화의 계기가 될 수도 없다. 오히려 그 부정적인 태도의 소용돌이에 다른 사람들까지 빨아들인다. 간단히 그들은 자신이 하고 있는 일에서 의미를 느끼지 못해 좌절하고 낙담해 있다. 조직을 가장 인간적인 방법으로 최적화하는 방법은 조직 내에서 의미를 찾지 못하는 사람들을 내보내서 그들이 다른 곳에서 인간적 잠재력을 실현하게 도와주는 것이다.

관리자들은 늘 두 가지를 지침으로 삼아야 한다. 첫째 나의 리더십이 인간적이고 좋은 자극을 주며 주위 사람들이 인간적 잠재력을 실현하는 데 기여했는지 자문해야 한다. 그러려면 상대방이 자신이 하는 일의 결과로 삶에서 많은 의미를 느껴야 한다. 둘째 경영진이 인간적이고 좋은 자극을 주는데도 자신이 찾고 있는 의미를 아직 찾지 못한 사람들에게 접근해야 한다. 본인을 위해 또 조직을 위해 이들이 다른 곳에 가서 의미를 찾게 도와줘야 한다. 그래야 그들도 나중에 가서 월급의 노예가 되었던 사실을 후회하는 일이 없을 테고, 그들이 가진 인간적 잠재력을 실현하는 일을 할 수 있을 것이다. 추가로 관리자는 자신이 조직의 목적에 얼마나 부합해왔는지 스스로도 정기적으로 평가를 받아야 한다.

관리자는 최고 '의미' 책임자가 되도록 노력해야 한다. 조직의 목적이 의미를 갖도록 유지하고 그것을 표현하는 일에 앞장서고 그에 대해 책임을 져야 한다. 이것을 단순히 관리자의 선한 의지에만 맡겨두지 않으려면 관리자는 자신의 리더십에 대한 책임을 져야 한다. 그리고 이에 대한 감독은 관리자 자신이 아니라 이사회 기타 경영전략 기구에게 맡겨야 한다.

모든 인간이 그렇듯이 우리는 실수할 수 있고, 틀릴 수 있다. 우리는 내 리더십이 인간적이고 좋은 자극을 준다고, 혹은 일터에 의미가 중심이 되도록 이미 체계를 다 잡았다고 생각할지 모른다. 우리는 내가 매일 조직의 목적을 실현하는 데 도움이 되는 방식으로 행동하고 있다고 생각할지 모른다. 그런데 우리가 배의 무게만 무겁게 만드는 사람이라고 생각해서 내보내려는 직원이 실은 옳은 길을 가고 있었다면 어떨까? 말을 꺼낼 용기를 내지 못했거나 경영진 혹은 기타 다른 사람들 때문에 주눅이 든 피해자에 불과하다면?

조직은 반란이 일어나기 전에 이의를 제기할 수 있고 그것을 받아들일 수 있는 체계를 마련해두어야 한다. 극단적인 경우처럼 들릴지 몰라도 사실 세계 최대의 기업 중에는 이미 이런 점을 수용하고 회사 구조에 체계를 마련한 곳들도 있다. 그들은 이것을 '기업 행동주의corporate activism'라고 부른다. 예를 들어 애틀랜타에 있는 코카콜라 본부에는 70만 명이 넘는 직원들의 행동주의를 실현하고 체계화하기 위한 전담 부서가 있다. 그들이 이렇게까지 하는 이유는 좋은 직원을 영입하고 보유하기 위해서는 조직보다 더 중요한 것은 아무것도 없다고 그저 열변을 토하는 것만으로는 충분하지 않다는 사실을 일부 세계 최대 기업들이 인식했기 때문이다. 간단히 말해서 이들은 반란을 피하기 위해 행동주의를 위한 여지를 마련해두고 있다.

이것이 의미를 강화할 수 있는 경영 원칙의 제일 첫 단계다. 그날 그날의 조직 운영을 책임지고 있는 경영진은 조직 구성원들에게 의미를 만들어줄 수 있는 능력을 기초로 평가받고 그에 대한 책임을 져야 한다.

일하는 사람으로서 당신은 어디에 충성해야 할까? 가장 중요한 대상은 당신 자신과 당신 삶의 의미이며, 당신의 마음에 가장 가까이 있는 사람들이다.

그다음은 당신의 개인적 의미와 조직의 그날그날 일을 서로 연결해주는, 조직의 목적 및 그와 연관된 덕목들이다.

직원들에게 상사나 직책에 충성하라고 해서는 안 된다. 가장 먼저 목적에 충성하라고 해야 한다.

관리자가 이 목적이나 조직의 덕목과 맞지 않는 행동을 한다면 직원은 그에 대응하고 필요한 변화를 일으킬 도덕적 의무가 있다.

# 8장

# 사회로서 우리는 어디까지 가야 하는가

1997년 12월의 어느 날 일본의 옛 수도 교토에 세계 지도자들 몇 명이 모여 기후 보호를 위한 협정에 서명했다. 2012년까지 산업화된 국가들은 온실가스 배출량을 1990년 당시의 수준보다 5퍼센트 줄이기로 했다. 조약은 '대기 중의 온실가스 농도를 안정화하여 기후 시스템에 대한 위험한 수준의 인위적 개입을 막는 것'을 목표로 했다.[66]

왜 전 세계 지도자들을 한자리에 모아 협정까지 체결해야 했을까? 우리는 어쩌다가 공식 협정이 다음 단계인 지점까지 이르렀을까? 우리는 왜 쉽지 않은 목표를 설정하고 글로벌 시장 경제를 규제해야 했을까?

연구자들이 온실가스 효과와 지구 기온 상승을 처음으로 예측한 것은 19세기 말이었지만, 이들의 주장이 과학계의 폭넓은 주목을 받게 된 것은 1960년대 중반에 이르러서였다. 결국 기후 변화가 정말로 위협이 되고 문제의 원인은 온실가스 방출이라는 사실을 많은 사람이 인식하게 됐다.

기후 변화와 지구 온난화는 문제가 너무 커져서 더 이상 간과할 수 없는 지경이 됐다. 이런 상황에 우리는 어떻게 대처해야 할까? 시장과 보통 사람들이 일치단결하여 대응하거나(개인 및 단체들이 자유 의지로 문제를 해결) 아니면 정치적 규제에 의존해야 한다. 우리가 기후를 취급하는 방식을 더 이상 지지할 수 없다는 사실에 대다수 과학자가 광범위하게 동의하고 30년이 지나는 동안 자유로이 남겨졌던 시장과 보통 사람들은 아무것도 해놓은 게 없었다. 그래서 정치적 행동이 필요했던 것이다.

교토 의정서가 작성되는 데 30년이 넘게 걸렸다. 그러고도 비준되기까지 8년이 더 걸렸다. 이후 시장 주도의 기후 적응 조치와 새로운 기후 협약을 도입하고 경제 강대국들이 합의에 도달한 것 역시 믿기지 않을 만큼 마지못해 진행된 과정이었다. 어쩌면 우리는 이제 되돌릴 수 없는 지점에 도달한 것일지도 모른다. 너무 늦기 전에 우리가 기온 상승을 억제할 수 있을지에 대해서조차 논란이 있다.

그렇다면 우리는 다시 인본주의적 자본주의의 핵심으로 돌아가 보자. 기후 논쟁은 돈의 가치가 그 돈을 어떻게 벌었느냐에 달렸음을 보여준다. 대부분의 단체가 벌이고 있는 '기업의 사회적 책임' 운동은 어마어마하게 큰 해석의 여지를 남겨 블랙홀이 되어버릴 수가 있다. 하지만 기후와 환경에 주는 영향을 최소화하면서 번 돈이 그렇지 않은 돈보다 더 높은 가치를 가진다는 점에는 의심의 여지가 없다. 대부분 사람은 이에 관심이 있고 돈을 벌 때는 누구 할 것 없이 지구를 잘 돌보기를 바란다.

그러나 기후에 미치는 영향을 반드시 모니터링해야 하고 할당제와 보고도 반드시 수반되어야 한다면 스트레스나 우울증, 불안에 대해서도 똑같은 일을 하는 게 과연 불가능한 일일까? 우리를 둘러싼 대기를 규제하는 것도 가능한데, 일이 우리의 삶에 얼마나 의미를 주는지 규제하는 게 꼭 비현실적일까?

지금 우리가 처한 현실은 여러모로 20세기 말의 기후 논쟁을 연상시킨다. 노동력은 점점 더 외롭고, 우울하고, 스트레스를 받고 있으며, 문제가 너무 커져서 더 이상 간과하거나 무시할 수 없을 정도다. 사업주나 단체, 시장이 변화를 꾀하지 못한다면 규제가 불가피하다.

주주 가치와 고위 경영자의 연봉 및 보너스를 만들어내는 동안 과연 몇 사람이나 병에 걸릴 것으로 예상되는지 기업이 연간 계획에 표시하도록 법적으로 요구한다고 한번 상상해보자. 이게 왜 비이성적인 요구인가? 이게 왜 세상에서 가장 자연스러운 일이 아닌가? 올바른 양심을 가진 사람 중에서 기업주나 일반 대중을 위해 이게 가치 있는 지식이 아니라고 말할 사람이 누가 있을까? 직원들이 높은 수준의 의미를 느낄 때 어떤 경제적 이점이 있는지는 이미 살펴보았다. 그렇다면 이는 올바른 일일 뿐만 아니라 주주들이 나서서 요구해야 할 사항이다.

자본주의는 돈을 버는 게 목적인데 왜 이런 책임을 받아들여야 하느냐고 묻는 사람도 있을지 모른다. 답은 분명하다. 그렇게 하지 않는 게 비도덕적이고, 이윤에도 도움이 되지 않기 때문이다. 첫째 이윤을 추구하는 과정에서 인간 잠재력을 착취하는 것은 비도덕적이다. 둘째 단기적 이윤 추구로 인해 스트레스를 받고, 외롭고, 우울하고, 불안한 노동력 비중이 늘어나는 것은 비효율적이다. 다시 말해 기업의 관점에서 보나, 사회 전체의 관점에서 보나 지금의 접근법은 기업에게도, 사회에도 비효율적이고 지속 가능하지 않다.

아동 노동이 멈춘 것은 더 이상 아동 노동자가 없었기 때문이 아니라, 아동 노동이 비효율적이고 비도덕적이기 때문이었다. 바라건대, 일과 관련된 질병에 대해서도 우리는 다 함께 똑같은 깨달음에 이를 것이다.

그러면 의미를 강화할 수 있는 경영 원칙의 두 번째 단계가 나타난다. 회사가 직원들에게 어느 정도의 의미를 창출하고 있는지 명확하게 정의된 방법과 실행 가능한 기준을 바탕으로 조사할 의무를 기업에게 지우는 것이다. 또한 기업에게 사회적으로 받아들일 수 없는 수준으로 건강과 행복이 고통받는 것과 관련해 직원 및 주주,

사회가 치르는 비용에 대한 금전적 책임도 지워야 한다.

# GDP에서 행복 지수로, 다시 의미 지수로

20세기에는 흔히 한 국가의 재화 및 서비스 총계에서 사용된 자원을 뺀 것으로 계산하는 GDP가 성장의 주된 척도였다. 그러나 GDP는 1970년대 이후 비판을 받아왔고, 성장과 경제적 진보에 대한 공정하고 진실된 지표가 아니라고 생각하는 경제학자들이 늘고 있다. 그럼에도 GDP는 국가 경제의 상태를 이야기할 때 가장 중요한 경제 지표로 간주된다. 심지어 GDP는 웰빙의 지표로도 자주 해석된다. 순전히 경제 활동을 측정하는 것에 불과한데 말이다.

자연 및 환경과 같은 요인은 GDP 계산 과정에 산입되지 않는다. 간단히 말해 이것들은 측정 시스템 밖에 놓여 있고, 생산과 무관한 것들은 모두 같은 처지다. 심지어 러시아계 미국인 경제학자로서 노벨상을 수상하기도 한 GDP의 아버지 사이먼 쿠즈네츠Simon Kuznets는 GDP가 사회의 웰빙을 측정하는 데 적합한 척도가 아니라고 경고했다.[67]

따라서 생산된 재화들 사이의 차이점에 관해 GDP가 아무것도 말해주는 게 없음에도, GDP라는 개념이 탄생하자마자부터 이 개념이 줄곧 정치 어젠다를 주도하고 우리는 GDP를 거의 숭배하다시

피 해온 일은 거대한 모순이라 하겠다. GDP는 생필품과 사치재의 가치를 구분하지 않으며, 환경을 파괴하는 재화와 보호하는 재화를 구분하지 않는다. 인간의 건강 및 행복과 사회 발전을 향상시키는 행위와 퇴보시키는 행위 사이의 구별도 없다.

지표로서 GDP는 전체적 시각을 보여주지 않는다고 생각하는 사람들이 많아지고 있다. 최근 수십 년간 여러 대안이 제시됐다. UN은 '인간개발지수Human Development Index'라는 것을 내놓았다. 기대 수명, 교육, 인당 구매력 대비 GNI(일인당 국민 총소득)를 측정하는 지표다. 세계경제포럼은 최근 '포용개발지수Inclusive Development Index'라는 것을 개발했는데 빈곤, 이산화탄소 발자국, 불평등 등을 지수에 포함하고 있다. 세계은행도 경제적 번영을 측정하는 새로운 방법들을 시험 중이다.

다시 말해 성장과 번영을 측정하는 다른 지표들을 가지고 GDP를 보완해야 한다고 생각하는 경제학자들이 늘고 있을 뿐만 아니라, 우리의 건강과 행복 및 생활 수준을 분석할 때 기존의 지표들은 한계가 있고 더 나은 기준을 제공할 수 있는 다른 지표들을 사용해야 한다는 인식도 늘고 있다.

그럼에도 여전히 일반적으로 성장 이데올로기는 받아들여지고 있다. 위에서 언급한 대안적 지표 중에서 인간 삶의 퇴보와 진보, 즉 실존적 조건이라든가 우리의 정신적 건강과 행복을 증진시킬 더 나은 체계를 중요하게 고려한 것은 없다. 사실 이런 기준들은 문제가 이미 심각하게 진행되었을 때에만 지표에 포함된다. 의미가 없다고 느끼거나 잠재적으로 정신적 문제를 겪는 것 외에 실제로 우울증이나 불안 장애 같은 진단을 받은 경우에만 말이다. 우리는 우리 자신을 측정하고 관리할 때 잘못된 기준을 사용하고 여러 지표를 수동적으로 이용하고 있다. 우리는 계산이 다 끝난 후에야 GDP를 1.9퍼센트 올리기 위해 얼마나 많은 사람의 건강이 희생되었는지 알아낼 뿐이다.

우리가 사용하는 실적 지표라든가 관련 목표는 말 그대로 '후행 지표'다. 이들 지표는 어떤 절차의 결과를 측정해서 우리가 뒤를 돌아보며 그동안 잘해왔는지 평가하게 해주는 식이다. 다시 말해 우리는 문제가 있어도 지나기 전에는 알 수 없다. 그리고 알게 되었을 때쯤에는 뭔가 조치를 취하기에는 너무 늦어버린다. 이는 마치 고고학적 발굴과 같다. 언제나 한발 늦는다.

우리에게 필요한 것은 '선행 지표'다. 우리가 구축하고 있는 실존주의적 토대가 안정적이고 금이 가지 않을 것인지 분명한 그림을 그려줄 지표다. 우리는 우리가 바라는 결과를 달성하기 위해 옳은 길로 가고 있는지 미리 알 수 있어야 한다.

우리에게 더 좋은 새로운 지표가 필요하다는 사실을 고려할 때 그중 하나로 '의미 수준'을 사용하는 게 그토록 상상하기 어려운 일일까? 의미는 사회로서의 우리가 개입해야 할 선행 지표가 되어야 하지 않을까? 행복 수준을 측정하는 것을 그만두고 이제 의미 수준을 살펴보면 어떨까? 우리가 다 같이 행복한 삶이 아니라 의미 있는 삶을 찾는다면 어떨까? 그렇게 하면 개인으로서의 우리도 행복이라는 맥락이 아니라 자기 인식을 높이고 더 의미 있는 삶을 산다는 맥락에 더 높은 가치를 두게 될까?

사회 제도나 기업이 의미를 창출하는 정도에 따라 평가된다면 어떻게 될까? 교육이나 훈련을 정해진 기간에 이수했는가가 아니라 어느 정도의 의미를 창출했는가를 기준으로 측정한다면 어떻게 될까? 그렇게 된다면, 예컨대 간호사나 선생님, 경찰관들이 애당초 그 직업을 선택한 소명이 매일의 업무에 뚜렷하게 반영된다면, 이들의 느낌은 달라질까? 일이 근본적으로 의미 있다면 어떻게 될까?

우리가 행복의 사다리를 올라가서 피상적인 행복 지수의 최고 수준을 달성하려고 기를 쓰지 않고 최대한 자기 인식과 삶의 의미 수준을 높이려고 노력하는 모습을 한번 상상해보라. 각국이 지구상에서 가장 행복한 국가일 뿐만 아니라 국민들이 의미를 가장 많이 경험하는 국가라고 자랑하는 모습을 한번 상상해보라.

따라서 의미를 강화할 수 있는 경영 원칙의 세 번째 단계는 UN에 속한 모든 나라가 시민들이 삶을 얼마나 의미 있다고 생각하는지 명확하게 정의된 방법과 실행 가능한 기준을 바탕으로 조사하기로 하는 것이다.

기후에 미치는 영향을 반드시 모니터링해야 하고 할당제와 보고도 반드시 수반되어야 한다면 스트레스나 우울증, 불안에 대해서도 똑같은 일을 하는 게 과연 불가능한 일일까?

우리를 둘러싼 대기를 규제하는 것도 가능한데, 일이 우리의 삶에 얼마나 의미를 주는지 규제하는 게 꼭 비현실적일까?

（맺음말）

이 책에 대한 구상을 한 것은 아버지가 돌아가셨던 약 10년 전 7월의 어느 날이다. 아버지의 장례식은 아주 불행한 무언가도 여전히 우리 삶에 아주 의미 있는 사건이 될 수 있다는 사실을 알려주었다. 아버지에게 작별을 고하면서 나는 아버지가 그동안 타협하지 않고 본인의 삶을 사신 것에 감사했다. 아버지가 우리에게 알려주신 교훈들에 감사했고, 그 과정에서 저지른 실수들은 용서했다. 나는 아버지가 남긴 것들을 바라보았다. 아버지가 계셔서 우리가 더 풍요로워졌음을 잘 알고 있었다. 아버지의 손주들을 보고 있으니 미래를 믿는다는 게 결코 공허하거나 순진한 희망만은 아니라는 확신이 들었다.

　가장 우러러보고 사랑했던 사람에게 마지막 작별을 고하는 것처럼 어려운 일조차 삶의 가장 의미 있는 경험 중 하나가 될 수 있다면, 우리가 가진 하나뿐인 삶을 시간이 지나면 돌아오지 않는다는 사실을 인식하며 살고 싶다는 것이 그리 대단한 포부는 아닐 것이다. 이렇게 할 때만 우리는 의미 있는 삶을 살 수 있다. 스스로 정당화할 수 있는 삶을 살 수 있다. 받아들일 만한 삶을 살 수 있다. 추천할 만한 삶을 살 수 있다. 그래야만 나의 가치와 존엄성을 더 잘 느낄 수 있기 때문이다.

대부분 사람은 이런 식으로 사는 것이 어렵다고 느낀다. 그러나 약속 시간에 늦을 때면 내가 상대의 시간을 사실상 강탈하고 있다는 사실을 우리는 직관적으로 안다. 나는 상대가 살 수 있는 삶을 줄여놓았다. 급할 때는 나 자신의 삶을 위해 약속 장소에 늦지 않도록 조심해야 한다. 형식도 내용도 나에게 아무런 의미를 갖지 못하는 직장에서 일을 하느라 보내는 모든 순간은(매일매일, 올해도 내년도) 영원히 사라진다. 그렇기 때문에 자신이 남의 시간, 남의 삶을 관리하고 있다는 사실을 이해하지 못하는 관리자가 너무 많다는 사실을 그냥 참고 넘어가서는 안 된다. 시간과 삶을 관리한다는 것은 그 사람들을 알아야 하고, 그들에게 관심을 가져야 하고, 그들의 삶을 이해하고, 각자의 상황을 강조하고, 그들의 삶의 목적에 이바지하고, 그들과 함께 괴로워하고, 그들을 좋아하고, 심지어 그들을 사랑해야 할 특별한 의무를 동반하는 일이다.

우리가 아무리 요리조리 빠져나가고, 아무리 많은 인생 코치나 억지스러운 개념을 만들어내는 사람들이 일과 여가 사이의 균형(혹은 워라밸)의 문제일 뿐이라고 주장해도, 삶은 그런 식으로 작동하지 않는다는 사실을 인정하지 않고서는 이 문제에 접근할 수 없다. 사람은 그런 식으로 만들어져 있지 않다. 시간은 그런 식으로 작동하지 않는다. 일과 삶 사이의 충돌이라는 말은 우리 시대의 가장 심각한 문제가 몇몇 캐치프레이즈로 해결될 수 있다고 상상하는 게 얼마나 터무니없는 생각인지 강조해줄 뿐이다. 그런 캐치프레이즈는 인간 존재의 기초에 관한 잘못된 개념만 강화한다.

유례없는 수준의 경제적 번영과 기술적 진보를 누리고 있음에도, 우리는 일에 대해 그리고 그 일을 할당하고 조직하는 관리자에 대해 이해가 가지 않을 정도로 요구 사항이 적다. 그 결과 우리의 실존적 면역 시스템은 우리가 노출된 압박감과 불확실성을 견뎌내기가 점점 더 어려워지고 있다. 이게 바로 우리의 정신 건강이 피폐해진 주된 이유 중 하나다. 이 책의 목표는 우리의 삶을 전염시키고 있는 무의미함에 전쟁을 선포하는 것이다. 나는 우리 모두가 실존적 자산을 충분히 개발해서 일이나 직원 관리, 돈벌이를 하면서 10억분의 1초라도 허투루 쓰지 않기를 바란다. 죽기 직전 가치 있는 삶을 살았느냐는 질문을 받았을 때 누구도 말문이 막히거나 횡설수설하는 일이 없기를 바란다. 그렇게 하기 위해 높은 연봉, 거창한 직책명, 차량 지원, 스톡옵션을 포기해야 한다면 포기하라. 의미 있는 삶이 그 무엇보다 우선이다.

의미가 다른 모든 것보다 앞선다고 말하는 게 순진하게 들릴 수 있다는 사실을 잘 알고 있다. 이런 철학을 바탕으로 실적을 낼 수 있을 뿐만 아니라 더 빠르고 효율적으로 성장하는 단체나 기업을 만들 수 있다는 주장은 말할 것도 없다. 서로 거리를 유지하라고 배운 사람들 사이에 친밀감을 권하는 게 논란거리처럼 들릴 수도 있다. 그러나 실제로 현대인의 실존적 면역 시스템을 위협하는 것은 일과 여가를 깔끔하게 분리하자면서 팔 길이만큼의 거리를 유지하는 바로 그 행태라고 나는 강력히 주장하는 바다. 이 행태 때문에 우리는 깨어 있는 시간의 절반 동안 친밀감이 사라진다.

일과 여가를 분리하자고 주장하면서 이 구분을 없애는 것은 무책임하다고 주장하는 사람들에게는 정확히 그 반대라고 말해주고 싶다. 정말로 무책임한 행동은 소위 워라밸이라는 개념으로 대표되는 원칙을 고수하는 일이다. 1970년대 말과 1980년대 초 이후 사람들은 일하는 사람이 삶에서 기쁨을 찾을 방법은 워라밸뿐이라는 생각을 주구장창 밀어붙였다. 그러나 해당 기간 동안 일 때문에 병에 걸리는 사람은 계속해서 늘어났다. 똑같은 방법을 더 많이 써봤자 절대로 해결책이 될 수 없다.

우리가 경로를 너무 많이 이탈한 나머지 최근 노동 시장에는 큰 충격이 있었다. 영국의 정신 건강재단은 '정신 건강 인식 주간'의 일환으로 4,500명이 넘는 사람들을 대상으로 스트레스에 관한 설문조사를 실시했다.[68] 흥미롭게도 밀레니얼 세대는 베이비붐 세대보다 직장에서 더 많은 압박을 느끼는 것으로 조사됐다. 28퍼센트의 사람이 자신이 하는 일에 스트레스 요소가 있을 것으로 예상했다고 답했다. 밀레니얼 세대의 3분의 1은 스트레스 때문에 직장에서 생산성이 떨어진다고도 했다. 윌리스 타워스 왓슨Willis Towers Watson에서 실시한 다른 조사 결과를 보면 밀레니얼 세대의 61퍼센트가 평균 이상 혹은 높은 스트레스로 고생하고 있다고 한다.[69] 베이비붐 세대의 해당 수치는 33퍼센트, X세대의 해당 수치는 50퍼센트인 것과 비교된다.

그러나 아버지의 장례식에서 나는 우리 아이들이나 조카들을 보며 낙관적인 전망과 함께 희망이 차올랐다. 언젠가 이 아이들이 어떤 모습이 될지 그림이 그려졌다. 자신이 누구이고 어떤 사람이 되고 싶은지, 누구는 아니고 어떤 사람은 되기 싫은지 알아가는 모습이 보였다. 아이들은 의미 있고 의지를 가진 사람이 되고 싶어 했다.

마찬가지로 최근 들어 젊은이들, 특히 차세대 젊은이들이 자신을 대학 평점으로 축소하는 것을 거부하고 삶과 일은 의미 있어야 한다고 요구하는 모습을 목격하면서도 나는 낙관적인 생각이 들었다. 나는 이런 생각을 펼치는 수많은 젊은이와 함께 일하고 그들을 알아가는 것이 즐겁다. 그중 한 사람인 닉은 내가 4년 전에 처음으로 채용한 직원 중 한 명이다. 우리가 서로 알게 된 것은 코펜하겐과 캘리포니아 사이에 중간중간 연결이 끊어지던 스카이프Skype 화상 면접을 통해서였다. 처음에는 열악한 화질에도 분명했던, 한 점 흐트

러짐 없는 말끔한 외모 말고는 이 젊은이에게서 별다른 특이점을 보지 못했다. 하지만 채 10분도 지나지 않아 닉은 내가 이 청년을 채용하지 않으면 안 된다는 확신을 주었다. 나와 함께 일하면 왜 그의 삶이 가치 있어질 거라고 생각하느냐고 물었더니 닉은 세상에서 가장 자연스러운 대답인 것처럼 자기 삶의 모든 중요 요소들이 싸울 만한 가치가 있는 목적과 윤리를 지향하기를 원한다고 답했다. 닉은 그 무엇보다 중요한 삶의 목표가 자신이 누구이고 어떤 사람이 되고 싶은지 인간이 알 수 있는 한 가장 또렷하게 인식하는 것이라고 했다. 그리고 일을 통해서 그 잠재력을 실현할 수 있기를 바란다고 했다.

그동안 채용 면접을 통과하고 싶어 하는 수많은 젊은이를 만났지만, 그날 닉이 했던 대답만큼 근사한 답은 들어보지 못했다. 나는 우리 집 아이들이 자라서 노동력에 편입되었을 때 닉과 같은 사람이 리더이길 바란다. 이 점에서 나는 약간의 안도감을 느낀다. 미래에는 그와 같은 기준으로 선발되는 사람들이 훨씬 더 많을 것이 분명하기 때문이다.

UN 자료에 따르면 전 세계 인구의 32퍼센트가 자기 인식이 있는 Z세대(1990년대 중반에서 2000년대 중반에 태어난 사람)에 속하는 젊은이들이라고 한다.[70] 앞선 밀레니얼 세대보다 더 큰 집단이다. 이들 젊은이는 오래된 경영 방법론이나 비즈니스 모델, 투자 프로필이 도전받고 심지어 새로운 유형의 단체나 기업에 의해 대체되기를 고대할 수 있다는 점에서 나의 낙관론에는 더욱 힘이 실린다. 새로운 유형의 단체 및 기업은 돈 버는 것을 부끄러워하지도 않고, 그것을 위해 자신들의 목적을 희생하지도 않는다. 이들은 비즈니스 모델 자체가 그들의 목적이자 의미로서 자신들을 정당화해주며, 이를 바탕으로 회사가 경영된다.

Z세대는 이미 출현했다. 나도 그들을 만난 적이 있다. 여러분도 만난 적이 있다. 그리고 Z세대는 매일매일 늘어나고 있다. 따라서 낙관적으로 생각할 이유는 충분하다. 끝이 왔을 때 한 명의 사람으로 하나의 시간 속에 살았던 하나의 삶을 돌아보며 내가 최선을 다해 삶을 낭비하지 않았다고 느끼는 사람이 점점 더 늘어나는 그런 미래를 우리는 기대해도 좋다.

책을 쓴다는 것은 어떻게 보면 해체된 채로 배달되는 이케아 가구를 조립하는 것과 같다. 조립할 가구가 도착할 때마다 간단할 거라고 쉽게 생각하다가, 늘 정반대의 결과가 벌어지곤 한다. 이 책에 대한 구상이 어느 정도 그려졌을 때 내 머릿속에서는 모든 게 아주 선명했다. 핵심 메시지, 개념, 자료, 논리까지 말이다. 그 모든 것을 말로 옮기기 시작하고 사람들이 긍정적 반응을 보여주자 나는 속으로 '술술 써지는 걸!'이라고 생각했다. 하지만 그렇지 않았다. 앞선 세 권의 책을 쓸 때와 똑같았다. 생각하는 것과 말하는 것, 그리고 글로 쓰는 것은 큰 차이가 있다. 생각과 말, 글은 메시지는 동일하지만(그러길 바란다), 서로 다른 형태의 표현 방식이고 소통하는 사람에게 서로 다른 것을 요구한다.

감사해야 할 분들이 수없이 많다. 여러모로 이 프로젝트에 말로 다 하지 못할 큰 도움을 주고, 내 생각과 강연 내용을 앞뒤가 맞는 조리 있는 책으로 바꿀 수 있게 도와준 분들이다.

가장 먼저 철학자 니콜라이 엘레만 이베르센에게 감사드린다. 닉이 보여준 굳건한 신념과 아름다운 정신, 깊은 지성, 큰 의리, 인상적인 성실함 덕분에 내 삶은 훨씬 더 풍부해졌다. 최근 닉은 나의 철학적 주장에 대해 더할 나위 없이 훌륭한 예상 독자가 되어주었다. 이 책은 내 책인 것만큼이나 닉의 책이기도 하다. 다음으로, 따뜻한 면모와 함께 전문성을 발휘해준 담당 편집자 메테 코르스고르와 나의 철학을 증폭시켜준 LID출판사LID Publishing에 큰 고마움을 전한다. 귀중한 의견과 조언을 주었던 문학 교수 라세 호르네 켈드고르와 심리학 교수 레네 탄고르에게도 고맙다. 나의 실수, 오류, 모호함을 날카롭게 지적해주고 비판적 시각을 유지해준 사랑하는 두 친구 토르스텐 히비트와 야콥 옌센에게도 고맙다.

작업이 시작되고 기꺼이 참여해 철저하고 통찰력 있는 모습을 열심히 일해준 라세 바그너에게도 따뜻한 고마움을 표한다. 호기심에 용기를 내어 나를 믿고 그들의 삶과 기업, 단체를 내 철학적 실험실에 내어준 수많은 분에게도 감사해야 한다. 물론 그중에서도 특히 카스파르 바세를 빼놓을 수 없다. 비전과 큰 용기, 강철 같은 단호함을 가진 그는 의미를 전 세계에서 가장 빠르게 성장하는 소매점 중에 하나인 회사의 중심에 놓고, 그 과정에 참여할 수 있는 특권을 내게 주었다. 덧붙여 나를 빅체인지Big Change 가족의 일원으로 초대하고 수많은 영감을 주었던 샘 브랜슨, 홀리 브랜슨, 에시 노스, 노아 데버로에게도 진심에서 우러난 감사를 표하고 싶다.

마지막으로 이 책을 제작하는 데 사용한 시간은 다시 오지 않을 텐데도, 내 존재의 정점이 되어주고, 내가 세상을 보는 프리즘이 되어주고, 내 의미의 기폭제가 되어주고, 나를 사랑해주는 내 아내 사라와 우리 아이들 에밀리아, 아스거, 엘리엇에게 고맙다.

모르텐 알베크

1  Ware, Bronnie. *The Top Five Regrets Of The Dying*. London: Hay House, 2012.

2  Jensen, Heidi Amalie Rosendahl, Michael Davidsen, Ola Ekholm, and Anne Illemann Christensen. *Danskernes Sundhed – Den Nationale Sundhedsprofil* 2017. Sundhedsstyrelsen, 2018.

3  Weforum.org. "The world has never been a better place. Don't believe us? Look at this chart." Last modified November 2016. https://www.weforum.org/agenda/2016/11/the-world-has-never-been-a-better-place/

4  Global Council for Happiness and Wellbeing. *Global Happiness and Wellbeing – Policy report 2019*. Global Council for Happi-

ness and Wellbeing, 2019.

5   World Health Organization. *Depression and Other Common Mental Disorders: Global Health Estimates.* Licence: CC BY-NC-SA 3.0 IGO. Geneva: World Health Organization, 2017.

6   World Health Organization. WHO *Global Burden of Disease: 2004 Update.* Geneva: World Health Organization, 2008.

7   World Health Organization. *Depression and Other Common Mental Disorders: Global Health Estimates.* Licence: CC BY-NC-SA 3.0 IGO. Geneva: World Health Organization, 2017.

8   Khazan, Olga. "How loneliness begets loneliness." *The Atlantic,* April 6, 2017.

9   The Mary Foundation: "Ensomhed.", 2019; Jensen, Heidi Amalie Rosendahl, Michael Davidsen, Ola Ekholm, and Anne Illemann Christensen. Danskernes Sundhed – Den Nationale Sundhedsprofil 2017. Sundhedsstyrelsen, 2018; Skovlund, Charlotte Wessel, Lars Vedel Kessing, Lina Steinrud Morch & Ojvind Lidegaard: Increase in depression diagnoses and prescribed antidepressants among young girls. A national cohort study 2000–2013, *Nordic Journal of Psychiatry,* 2017.

10  Gallup. *State of the Global Workplace.* New York: Gallup Press, 2017.

11  Harter, Jim. 'Dismal Employee Engagement Is a Sign of Global Management," *Gallup.com,* Dec 2017.

12  Mental Health Foundation. *Stress: Are we coping?* London: Mental Health Foundation, May 2018.

13  Dahlin, Eric, Erin Kelly, and Phyllis Moen. 'Is work the new neighborhood? Social ties in the workplace, family, and neighborhood." *The Sociological Quarterly. 49. 719– 736,* 2008.

14  Sorensen, Villy. *Uden Mal - Med Og : Moralske Tanker.* Copenhagen: Gyldendal, 1973.

15  St. Augustine. *The Confessions,* n.d.

16  Alvesson, Mats, and Maxine Robertson. 'Money Matters: Teflonic Identity Manoeuvring In The Investment Banking Sector." *Organization Studies 37 (1): 7-34,* 2015.

17  National Occupational Mortality Surveillance (NOMS). U.S. Department of Health and Human Services, Public Health Service, Centers for Disease Control and Prevention, National Institute for Occupational Safety and Health, Division of Surveillance, Hazard Evaluation and Field Studies, Surveillance Branch, 2015.

18  Gulati, Daniel. 'The Top Five Career Regrets." *Harvard Business Review,* December 2012.

19  Prince's Trust. 'Youth Index 2019", 2019. Due P, Diderichsen F,

Meilstrup C, Nordentoft M, Obel C, Sandbak A. *Børn og unges mentale helbred. Forekomst af psykiske symptomer og lidelser og mulige forebyggelsesindsatser.* Kobenhavn: Vidensrad for Forebyggelse. 2014.

20 Dunn, Elizabeth. W., and Michael Norton. *Happy Money: The science of smarter spending.* New York: Simon & Schuster, 2013.

21 Dunn, Elizabeth. W., and Michael Norton. *Happy Money: The science of smarter spending.* New York: Simon & Schuster, 2013.

22 Lacan, Jacques. *My Teaching.* London: Verso Books, 2009.

23 Nietzsche, Friedrich. *On the Future of Our Educational Institutions.* First Lecture, 1872.

24 Kevin Eagan, Ellen B. Stolzenberg, Joseph J. Ramirez, Melissa C. Aragon, Maria R. Suchard, and Sylvia Hurtado. *The American freshman: National norms fall 2014.* Los Angeles: Higher Education Research Institute, UCLA, 2014.

25 Kierkegaard, Søren. *Enten – Eller. Et Livs-Fragment.* Copenhagen: Victor Eremita, 1843

26 Brown, Jonathon D. "Understanding the better than average effect: motives (still matter)." Personality and Social Psychology Bulletin, 2012.

27 Sedikides, Constantine, Rosie Meek, Mark D. Alicke, and Sarah

Taylor. "Behind bars but above the bar: Prisoners consider themselves more prosocial than non-prisoners." *British Journal of Social Psychology*, *53*, (2014): 396–403.

**28** Blixen, Karen, "Kardinalens første Historie" (1957), in Blixen, Karen. *Sidste Fortællinger*, Gyldendal, 2017.

**29** Kruger, Justin, and David Dunning. "Unskilled and Unaware of It: How Difficulties in Recognizing One's Own Incompetence Lead to Inflated Self-Assessments." *Journal of Personality and Social Psychology*. *77 (6)*, (1999): 1121–1134.

**30** World Health Organization. "Suicide Across The World", 2016.

**31** Perlow, Leslie A., Constance Noonan Hadley, and Eunice Eun. "Stop the Meeting Madness." *Harvard Business Review (July-August 2017 issue)*, 2017.

**32** IDA. *Jobskifte og motivation for mobilitet*. IDA, 2016.

**33** Waters, Sarah, Marina Karanikolos, and Martin McKee. "When Work Kills." *Journal Of Public Mental Health 15 (4)* (2016): 229-234. doi:10.1108/jpmh-06-2016-0026.

**34** Waters, Sarah, Marina Karanikolos, and Martin McKee. "When Work Kills." *Journal Of Public Mental Health 15 (4)* (2016): 229-234. doi:10.1108/jpmh-06-2016-0026.

**35** Bryson, Alex, and George Mackerron. "Are You Happy While You

Work?" *Economic Journal.* 127 (2016): 106-125.

**36** Bryson, Alex, and George Mackerron. "Are You Happy While You Work?" *Economic Journal.* 127 (2016): 106-125.

**37** Zaleznik, Abraham. "Managers and leaders: Are they different?" *Harvard Business Review, March/April 1992 70(2)* (1992): 26-135. First published May/June 1977, 55(3), 67-76; Zaleznik, Abraham. "Managers and Leaders: Are They Different?" *Harvard Business Review,* 2004.

**38** Peter J., Laurence and Hull, Raymond. *The Peter Principle.* William Morrow and Company, 1969.

**39** Alessandro Pluchino et al. "The Peter principle revisited: A computational study." Physica A: Statistical Mechanics and its Applications, Volume 389, Issue 3, 1 February (2010), Pages 467-472.

**40** Løgstrup, Knud Ejler. *The Ethical Demand.* University of Notre Dame Press, 1997.

**41** Løgstrup, Knud Ejler (Translation). *Humanisme og kristendom.* Originally published in Heretica 5 (1950): 456-74. Reprinted in Erik Knudsen and Ole Wivel (eds). *Kulturdebat* 1944-58. Copenhagen: Gyldendal, 1958: 280-92.

**42** Nyberg, André, Lars Alfredsson, Törres Theorell, Hugo Westerlund,

Jussi Vahtera, and Mika Kivimäki. "Managerial Leadership And Ischaemic Heart Disease Among Employees: The Swedish WOLF Study." *Occupational And Environmental Medicine 66 (1)* (2009): 51-55.

**43** Cranston, Susan, and Scott Keller. "Increasing the 'meaning quotient' of work." *McKinsey Quarterly, (1)* (2013): 48-59.

**44** Ladegaard, Yun, Bo Netterstrøm, and Roy Langer. *COPEWORK - COPESTRESS Workplace Study*. Bisbebjerg Hospital, Arbejds- & miljømedicinsk Afdeling, 2012.

**45** Lindgren, Astrid. *Emil i Lönneberga*. R&S, 1963.

**46** World Economic Forum. *The Future of Jobs Report 2018*. Switzerland: World Economic Forum, 2018.

**47** Winick, Stephen. "Einstein's Folklore". Library of Congress, December 2013.

**48** World Economic Forum. *The Future of Jobs Report 2018*. Switzerland: World Economic Forum, 2018.

**49** Gardner, Howard. *Frames of Mind*. New York: Basic Book Inc., 1983.

**50** Cranston, Susan, and Scott Keller. "Increasing the 'meaning quotient' of work." *McKinsey Quarterly, (1)* (2013): 48-59.

**51** Voluntās Group (unpublished). www.voluntasgroup.com, 2016.

**52** Deloitte. *CFO Insights - Unlocking The Secrets Of Employee Engagement.* Deloitte, 2015.

**53** Raymond, Catherine, Marie-France Marin, Anne Hand, Shireen Sindi, Robert-Paul Juster, and Sonia J. Lupien. "Salivary Cortisol Levels and Depressive Symptomatology in Consumers and Nonconsumers of Self-Help Books: A Pilot Study. *Neural Plasticity*, 2015.

**54** Greatplacetowork. "Lister," www.greatplacetowork.dk/inspiration/rapporter.

**55** CIPD. *Health and Well-being at Work.* CIPD Survey Report, 2018.

**56** Gallup. *State of the American Workplace.* Washington: Gallup Inc., 2017.

**57** YouGov 2017 in Shelton, Michelle, "Performance Management in the 21st Century," MHR 2018.

**58** Gallup. *State of the American Workplace.* Washington: Gallup Inc., 2017.

**59** Sisodia, Rajendra, Jagdish Sheth, and David Wolfe. *Firms of Endearment: How World-Class Companies Profit from Passion and Purpose.* Pearson FT Press, 2014.

**60** Havas Group. "Meaningful Brands", 2019; Havas Group. "Meaningful Brands", 2017.

**61** Cranston, Susan, and Scott Keller. "Increasing the 'meaning quotient' of work." *McKinsey Quarterly, (1)* (2013): 48-59.

**62** Deloitte. *CFO Insights - Unlocking The Secrets Of Employee Engagement.* Deloitte, 2015; Bailey, Catherine, and Adrian Madden. "What Makes Work Meaningful —Or Meaningless." *MIT Sloan Management Review. 57*(2016).

**63** Voluntās Group (unpublished). www.voluntasgroup.com, 2016-2019.

**64** Gallup. *State of the American Workplace.* Washington: Gallup Inc., 2017

**65** Solomon, Robert. "Corporate Roles, Personal Virtues - An Aristotelian Approach to Business Ethics". Cambridge University, Business Ethics Quarterly. Vol. 2, No. 3, (1992).

**66** United Nations. "Kyoto Protocol to the United Nations Framework Convention on Climate Change", 1997; United Nations. "United Nations Framework Convention on Climate Change", 1992.

**67** Robert Costanza, Maureen Hart, Stephen Posner, and John Talberth. "Beyond GDP: The Need for New Measures of Progress." Bosten University, The Pardee Papers (2009); Kuznets, Simon. National Income 1929–1932. A report to the U.S. Senate, 73rd Congress, 2nd Session. Washington, DC. US Government Printing

Office (1934).

**68**  Mental Health Foundation. "Stress: Are we coping?" London: Mental Health Foundation, May 2018.

**69**  Willis Towers Watson. *Global Benefits Attitudes Survey.* Willis Towers Watson, 2017.

**70**  Miller, Lee J, and Wei Lu. "Gen Z Is Set to Outnumber Millennials Within a Year." *Bloomberg*, 20 August 2018.

# ONE LIFE